分県登山ガイド 39

福岡県の山

五十嵐 賢・日野和道・内田益充・林田正道

山と溪谷社

分県登山ガイド——39

福岡県の山

目次

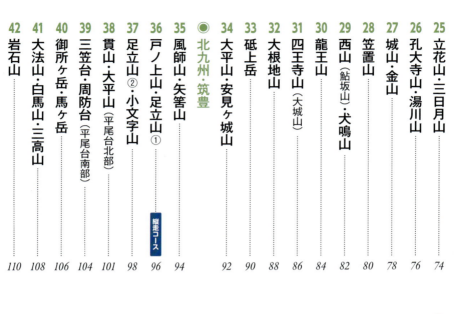

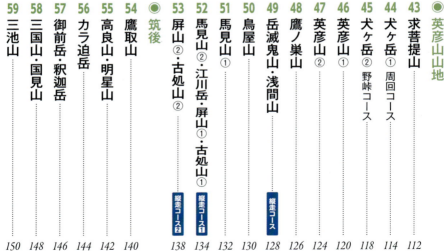

●本文地図主要凡例●

- 紹介するメインコース。
- 本文か脚注で紹介しているサブコース。一部、地図内でのみ紹介するコースもあります。
- Start Goal Start Goal 225m 出発点／終着点／出発点および終着点の標高数値
- 管理人在中の山小屋もしくは宿泊施設
- 紹介するコースのコースタイムのポイントとなる山頂。
- コースタイムのポイント。
- 管理人不在の山小屋もしくは避難小屋

山口県
風師山 35
35 矢筈山
門司IC
北九州市
もじ
36 戸ノ上山
わかまつ
こくら
芦屋町
水巻町
くろさき
37 小文字山
新門司IC
36 37 足立山
おりお
遠賀町
中間市
7 皿倉山
小倉東IC
北九州空港
38 大平山（平尾台北部）
遠賀川
九州自動車道
小倉南IC
38 貫山（平尾台北部）
7 尺岳
かんだ
苅田町
周防灘
鞍手町
八幡IC
39 周防台（平尾台南部）
8 9 10 福智山
のおがた
六ヶ岳
直方市
JR筑豊本線
39 三笠台（平尾台南部）
ゆくはし
行橋市
200
宮若市
9 11 牛斬山
322
さいどうしょ
今川
10
小竹町
福智町
飯塚市
11 香春岳
みやこ町
40 馬ヶ岳
40 御所ヶ岳
糸田町
香春町
築上町
平成筑豊鉄道
496
東九州自動車道
うのしま
田川市
大法山
41
大任町
いいづか
200
赤村
吉富町
豊前市
なかつ
白馬山 41
川崎町
中津市
41 三高山
添田町
豊前IC
上毛町
JR日豊本線
桂川町
嘉麻市
そえだ
42 岩石山
JR日田彦山線
43 求菩提山
山国川
10
宇佐市
322
211
44 45 犬ヶ岳
52 53 屏山
52 江川岳
ひこさん
48 鷹ノ巣山
51 52 馬見山
古処山 52 53
46 47 英彦山
212
宇佐別府道路
500
49 浅間山
49 岳滅鬼山
34 大平山
50 鳥屋山
500
34 安見ヶ城山
ちくぜんいわき
朝倉市
386
だいぎょうじ
東峰村
杷木IC
朝倉IC
大分県
日田IC
210
うきは
日田市
JR久大本線
ひた
387
たぬしまる
うきは市
210
天瀬高塚IC
大分へ
大分自動車道
玖珠IC
湯布院IC
由布岳
鷹取山 54
212
あまがせ
ぶんごもり
九重IC
ゆふいん
ぶんごなかむら
56 カラ迫岳
御前岳 57
57 釈迦岳
矢部川
58 三国山
国見山 58
大船山
久住山
熊本県
山鹿市

福岡県の山 全図

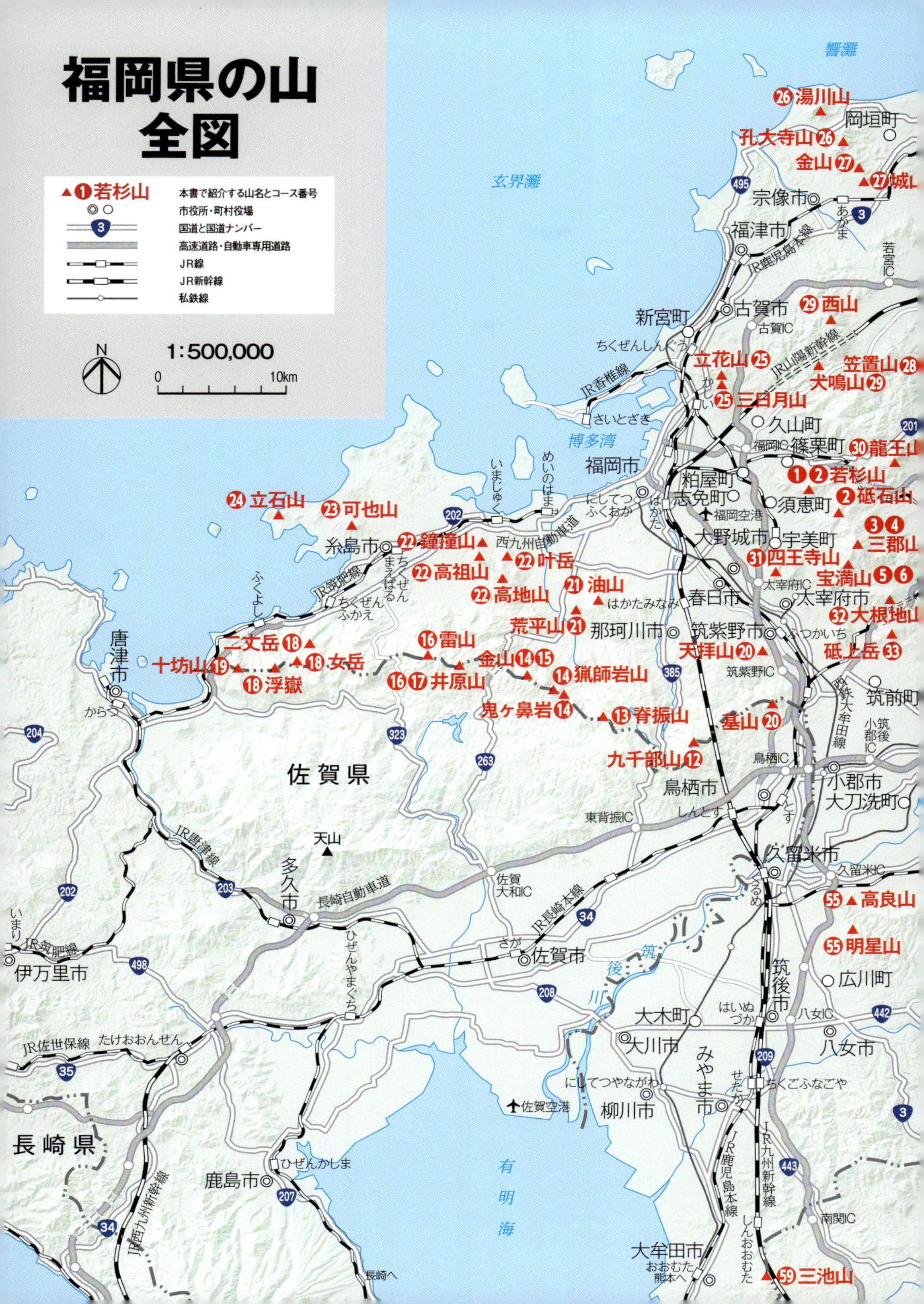

▲❶若杉山　本書で紹介する山名とコース番号
◎○　市役所・町村役場
3　国道と国道ナンバー
高速道路・自動車専用道路
JR線
JR新幹線
私鉄線
N
1:500,000
0　10km
響灘
玄界灘
博多湾
有明海
26 湯川山
孔大寺山 26
金山 27
27 城山
岡垣町
宗像市
福津市
あかま
若宮IC
古賀市
古賀IC
29 西山
新宮町
ちくぜんしんぐう
立花山 25
25 三日月山
笠置山 28
犬鳴山 29
JR山陽新幹線
JR鹿児島本線
JR香椎線
さいとざき
かしい
久山町
福岡IC
篠栗町
30 龍王山
福岡市
粕屋町
志免町
1 2 若杉山
2 砥石山
須恵町
福岡空港
はかた
にしてつふくおか
めいのはま
いまじゅく
24 立石山
23 可也山
糸島市
22 鐘撞山
22 叶岳
22 高祖山
22 高地山
西九州自動車道
21 油山
大野城市
宇美町
3 4 三郡山
31 四王寺山
宝満山 5 6
太宰府IC
太宰府市
32 大根地山
はかたみなみ
春日市
荒平山 21
那珂川市
筑紫野市
ふつかいち
天拝山 20
砥上岳 33
筑紫野IC
JR筑肥線
ちくぜんまえばる
ちくぜんふかえ
ふくよし
唐津市
からつ
二丈岳 18
十坊山 19
18 女岳
18 浮嶽
16 雷山
金山 14 15
16 17 井原山
14 猟師岩山
鬼ヶ鼻岩 14
13 脊振山
基山 20
九千部山 12
筑前町
西鉄大牟田線
小郡IC
筑後小郡IC
鳥栖IC
鳥栖市
小郡市
大刀洗町
しんとす
とす
東背振IC
佐賀県
天山
JR唐津線
多久市
長崎自動車道
佐賀大和IC
JR長崎本線
久留米市
久留米IC
くるめ
55 高良山
55 明星山
いまり
JR筑肥線
伊万里市
ひぜんやまぐち
さが
佐賀市
筑後川
筑後市
広川町
はいぬづか
八女IC
八女市
大木町
大川市
みやま市
せたか
ちくごふなごや
にしてつやながわ
柳川市
佐賀空港
JR佐世保線
たけおおんせん
長崎県
ひぜんかしま
鹿島市
JR西九州新幹線
JR鹿児島本線
JR九州新幹線
南関IC
大牟田市
おおむた
熊本へ
しんおおむた
59 三池山
長崎へ
495
3
201
202
385
204
323
263
203
34
498
208
442
209
35
443
207

概説 福岡県の山

五十嵐 賢

福岡県は、九州の北端にあって、三方を海に囲まれている。かつて、アジア大陸から朝鮮半島を通って、稲作などさまざまな文化や宗教などを受け入れてきた玄関口であり、それらを九州各地や、1キロに満たない関門《かんもん》海峡から本州に伝える要衝の地であった。現在も幹線道路や鉄道が集中して、橋やトンネルで本州と直結していて、九州の中心地であることに変わりはない。

県内では標高100メートル以下の面積が、県土の55パーセントと、低地の割合が多いが、中国山地の延長線上にある筑紫《つくし》山地と、火山活動により形成された瀬戸内海陥没部からなる地形は複雑だ。大分県境の英彦《ひこ》山《さん》山地や津江《つえ》山地には、筑紫溶岩の浸食に抗して残った山々が連なって、県内の最高峰地形を形成している。

一方、行橋《ゆくはし》市から八女《やめ》市黒木《くろぎ》町にかけて、筑紫山地が北東から南西に走り、県内の山地の大半を形成している。これらは大小多数の断層線により、数多くの山地に分かれている。

本書では、県内の山地および独立峰を、次の4つのブロックに分けて紹介している。

●山域の特徴

●福岡市近郊の山

三郡山地　北から豊かな照葉樹の森が続く宗像四塚《むなかたよつづか》連峰や犬鳴《いぬなき》連峰、さらに三郡山《さんぐんざん》を最高峰とする若杉山《わかすぎやま》から宝満山《ほうまんざん》は、登山者の多い山域であり、信仰の山も多い。ここから東へ夜須《やす》高原を経て古処《こしょ》・馬見《うまみ》山地へと、長い稜線が連なっている。

脊振山地　東西約70キロにわたって県西部と佐賀県を隔てる山地で、典型的な断層地形を形成している。福岡県側は急崖が多く、渓流には多くの滝をかけ、変化に富む。なだらかな平原状の佐賀県側とは対照的である。

●北九州・筑豊の山　九州の玄関口、関門海峡の背後に風師山《かざしやま》、戸《と》ノ上山《うえやま》、足立山《あだちやま》が連なる企救《きく》山地、カルスト台地の平尾台《ひらおだい》を中心とした貫《ぬき》山地、さらに北九州、筑豊のシンボルである福智山《ふくちやま》を盟主に、北の皿倉山《さらくらやま》から南の香春岳《かわらだけ》へと続く福智山地の山々は、いずれも草原状の山が多く、響灘《ひびきなだ》、周防灘《すおうなだ》を望む雄大な展望が楽しめる。

●大分県境・英彦山山地の山　筑紫溶岩の浸食を受けて残ったメーサ・ビュートの山々が続く英彦山山地は、大分県側の耶馬渓《やばけい》とともに

美しいササの原を登って展望大きな福智山山頂へ

鬼ヶ鼻岩から脊振山

に、奇峰、渓谷、放射谷が多く、魅力に富んだ山が多い。また、英彦山、求菩提《くぼてさん》山を中心に、山岳宗教の色彩も色濃く残している。

●筑後の山　県内最高峰の釈迦《しゃか》岳《たけ》、御前岳《ごぜんだけ》を中心とした津江山地が南北に大分県との県境をなす。三国山《みくにやま》や国見山《くにみやま》を中心とした筑肥《ちくひ》山地は、東西に熊本県境を形成して三池山《みいけざん》にいたる。また、筑後川と並行して走る耳納《みのう》山地は、屏風《びょうぶ》山《やま》の別称をもつように、断層地形の特徴的な様相を呈して、その絶壁を筑後平野に落としている。

●山々の四季

福岡県の春は、3月中旬、英彦山山地のゲンカイツツジの開花ではじまる。4月に入るとコブシやタムシバが白い花を咲かせ、ヤマザクラが山腹をほんのりピンクに染めていく。

ゴールデンウィークには、薄紫色のコバノミツバツツジが咲き、雷山《らいざん》～井原山《いわらやま》縦走路、椎原《しいば》峠の登山道をやさしく包む。5月も中旬になると、天然記念物となっている犬《いぬ》ヶ岳《たけ》のシャクナゲが、ブナ林の林床にピンクの花をちりばめ、周囲の新緑と絶妙のコントラストを見せる。

初夏になると、ホトトギスの鳴く英彦山には、純白のオオヤマレンゲが芳香を放ち、白い花弁をわずかに紅で染めたヒコサンヒメシャラの群落も見られる。また深緑の各山地には白いヤマボウシ、橙色のヤマツツジが花開く。

盛夏には、渓流沿いのキャンプ地から登る尺岳《しゃくだけ》や福智山、沢登りを楽しめる井原山や金山《かなやま》の渓谷がよい。

英彦山・南岳より中岳と上宮

初秋なら、貫山や福智山のススキの波打つ山頂からの展望が楽しみだ。10月中旬にはじまる紅葉は、鷹《たか》ノ巣《す》山《やま》や岳滅鬼山《がくめきさん》といった岩峰の山が格別で、11月3日に行われる英彦山の紅葉祭のころが最盛期である。晩秋の九千部山《くせんぶさん》、古処山《こしょさん》縦走路も魅力的である。

冬期は、大氷柱が楽しめる三郡山系の難所《なんしょ》ヶ滝、霧氷に輝く英彦山、犬ヶ岳、そして求菩提山などの修験の山の雪景色がよい。やがて三池山の臥龍梅が独特の枝振りに桃色の花をつけ、春の訪れを告げる。

●コース紹介について

本書は4回目の改訂版にあたる。初版は主に単独の山を往路、復路各1コースを紹介すること、つまり1山2コースを基本に紹介していた。そして2回目、3回目の改訂に際しては、前回、前々回にもれていた山をいくつか差し換えて紹介した。

今回の改定では、大きく切り口を変えて紹介している。それは福岡県の山に登ると気づくことだが、多くの山は山麓、山腹は植林されたスギ、ヒノキの中の道が多く、季節感が少ないことによる。山頂以外はほとんどがスギ、ヒノキの道だけという山も少なくない。わずかに自然林が残っているのは植林の困難な谷筋の道や尾根道、つまり縦走路、それに宗教上の理由から献木はされても植林が制約された山などに限られる。

この「福岡県の山」の特徴をふまえながらも、やはり自然の中の山歩きを楽しみたいもので、本書ではいちばん自然林が残っている尾根道、つまり縦走コースを柱に紹介することにした。低山ならカシやシイの照葉樹の森、標高700メートル以上になるとブナをはじめとする落葉樹の森など、自然林が残っている尾根歩きの魅力を堪能するコースをたくさん設定した。

●メインの山地は、つなげば縦走できるように設定　メインの山地をいくつかに区分けして紹介している。つまり単峰とせずに複数の山々を結んで考え、有機的な組み合わせで縦走可能なコース設定を基本とした。たとえば三郡山地、福智山地、古処山地、犬鳴連峰、戸ノ上山～足立山などは、紹介コースでほぼ縦走路は結ばれる。また、脊振《せふり》山地の主要コースの脊振山～金山、雷山～井原山、英彦山山地のうち浅間山《あさまやま》～岳滅鬼山などは、部分的だが縦走を楽しめるようなコース設定にしている。

●周回コースを増加　アクセスにおいて、近年は公共交通機関の廃止や便数の削減で、利用するのが大変不便になっている。このため

「森の巨人たち100選」に選ばれている立花山の大クス

三郡山・難所ヶ滝の大つらら

皿倉山の夜景

上：オキナグサ
下：石仏（求菩提山）

平尾台・大平山の羊群原

車利用の登山者が増えているが、この場合にもできるだけ往復より周回コースを基本に設定した。また周回コースでも、単峰ではなく、複数の山を歩けるコースを紹介するよう心がけた。もちろん尾根歩きの魅力を楽しんでもらいたいのが第一の理由だ。縦走とは登山口と下山口が大きく離れている尾根歩きの意味で、周回とは登山口と下山口が同じ場所か近接している意味で使用している。

主な周回コースは、御所《ごしょ》ケ岳《たけ》～馬《うま》ケ岳《たけ》、大法山《たいほうざん》～白《はく》馬山《ばさん》～三高山《さんたかさん》、叶岳《かのうだけ》～高祖《たかす》山《やま》～鐘撞山《かねつきやま》、二丈岳《にじょうだけ》～女岳《めだけ》～浮嶽《うきだけ》、釈迦岳～御前岳、三国山～国見山、四王寺山《しおうじやま》などだ。

●主要な山は複数コースを紹介　どうしても往路、復路各1コースでは物足りなく感じる山がある。いわゆる名山だ。これらの名山は複数のコースを紹介した。縦走コースの中では、若杉山、三郡山、宝満山、福智山、井原山、足立山など。その他の山では貫山（平尾台の山）、犬ヶ岳、英彦山などがある。

●花図鑑を設定　県内で見られる山の花を草本、木本にわけて紹介した。思いのほかたくさんの花があるが、希少種については山名を伏せたものもある。ご了承いただきたい。

本書の使い方

■日程　福岡市、北九州市、飯塚市、久留米市などを起点に、アクセスを含めて、初・中級クラスの登山者が無理なく歩ける日程としています。

■歩行時間　登山の初心者が無理なく歩ける時間を想定しています。ただし休憩時間は含みません。

■歩行距離　2万5000分ノ1地形図から算出したおおよその距離を紹介しています。

■累積標高差　2万5000分ノ1地形図から算出したおおよその数値を紹介しています。は登りの総和、は下りの総和です。

■技術度　5段階で技術度・危険度を示しています。は登山の初心者向きのコースで、比較的安全に歩けるコース。は中級以上の登山経験が必要で、一部に岩場やすべりやすい場所があるものの、滑落や落石、転落の危険度は低いコース。は読図力があり、岩場を登る基本技術を身につけた中～上級者向きで、ハシゴやクサリ場など困難な岩場の通過があり、転落や滑落、落石の危険度があるコース。は登山に充分な経験があり、岩場や雪渓を安定して通過できる能力がある熟達者向き、危険度の高いクサリ場や道の不明瞭なやぶがあるコース。は登山全般に高い技術と経験が必要で、岩場や急な雪渓など、緊張を強いられる危険箇所が長く続き、滑落や転落の危険が極めて高いコースを示します。

■体力度　登山の消費エネルギー量を数値化することによって安全登山を提起する鹿屋体育大学・山本正嘉教授の研究成果をもとにランク付けしています。ランクは、①歩行時間、②歩行距離、③登りの累積標高差、④下りの累積標高差に一定の数値をかけ、その総和を求める「コース定数」に基づいて、10段階で示しています。が1、が2となります。通常、日帰りコースは「コース定数」が40以内で、～（1～3ランク）。激しい急坂や危険度の高いハシゴ場やクサリ場などがあるコースは、これに～（1～2ランク）をプラスしています。また、山中泊するコースの場合は、「コース定数」が40以上となり、泊数に応じて～もしくはそれ以上がプラスされます。紹介した「コース定数」は登山に必要なエネルギー量や水分補給量を算出することができるので、疲労の防止や熱中症予防に役立てることもできます。体力の消耗を防ぐには、下記の計算式で算出したエネルギー消費量（脱水量）の70～80㌫程度を補給するとよいでしょう。なお、夏など、暑い時期には脱水量はもう少し大きくなります。

時間の要素　距離の要素　重さの要素

行動中のエネルギー消費量（kcal）＝ 1.8×行動時間（h）＋ 0.3×歩行距離（km）＋ 10.0×上りの累積標高差（km）＋ 0.6×下りの累積標高差（km） × 体重（kg）＋ザック重量（kg）

山側の情報 ―「コース定数」　登山者側の情報

＊kcalをmlに読み替えるとおおよその脱水量がわかります

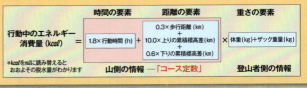

福岡県の山の花

ここに掲載した以外にも予想以上にたくさんの種類の花の写真が集まったのは著者一同たいへんな喜びと驚きであった。なかでも平尾台を中心としたカルスト台地は花の種類も多く、草原のため、鑑賞に適しており花好きの人はぜひ訪れてほしい。

木の花

コショウノキ 3月 古処山

マンサク 3月 猟師岩山

タムシバ 3月 岩石山

ツクシシャクナゲ 4月 猟師岩山

ゲンカイツツジ 4月 英彦山

ザイフリボク 4月 岩石山

コブシ 4月 基山

ムシカリ 4月下 脊振山

虎尾桜 4月 福智山

ヤマザクラ 4月 大平山

ベニドウダン 5月下 国見山

ジャケツイバラ 5月 英彦山

コバノミツバツツジ 5月 井原山

オトコヨウゾメ 5月上 三国山

ヤマボウシ 6月 九千部山

オオヤマレンゲ 6月 英彦山

ヒコサンヒメシャラ 6月 英彦山

ウリノキ 6月 英彦山

ヤマアジサイ 6月下 鷹取山

ヤマツツジ 6月 九千部山

ネムノキ 7月 平尾台

ツクシショウジョウバカマ 4月 基山

カノコソウ 5月 平尾台

オキナグサ 5月 基山

トキソウ 6月 平尾台

オオキツネノカミソリ 7月 井原山

ヒオウギ 7月 平尾台

赤色系の花

クサアジサイ 8月 釈迦岳

ツリフネソウ 9月 三郡山

ノヒメユリ 8月 平尾台

ゲンノショウコ 9月 古処山

キセワタ 9月 平尾台

ヒメヒゴタイ 9月 平尾台

ハバヤマボクチ 11月 平尾台

黄色系の花

ヒメレンゲ
5月 井原山洗谷

カキラン
6月 平尾台

白色系の花

セリバオウレン
3月 英彦山

ニリンソウ
4月 井原山

イチリンソウ
4月 井原山

ヤマルリソウ 4月 古処山

ヤマシャクヤク 5月

ユキノシタ 5月 宝満山

モウセンゴケ
7月 平尾台

サギソウ
8月 平尾台

シギンカラマツ
8月 古処山

アケボノソウ
9月 英彦山

アカショウマ
7月上 前砥石山

ホトトギス 9月 宝満山

ウメバチソウ
10月 平尾台

レイジンソウ
10月 井原山・雷山

ツクシミカエリソウ
9月 井原山・雷山

サラシナショウマ
10月 岩石山

ジンジソウ
10月 釈迦岳

ホタルカズラ 4月 平尾台

キバナアキギリ
10月 福智山

オミナエシ 9月 三池山

キツリフネ
9月 井原山・雷山

サイハイラン 5月 大平山

ラショウモンカズラ 5月 井原山

ナツエビネ 8月

ツクシタツナミソウ
5月 カラ迫岳

ヒメウラシマソウ 5月 古処山

ハグロソウ 7月 井原山

イワタバコ 8月 英彦山

紫・褐色系の花

スズムシバナ
9月 古処山

カリガネソウ 9月

ホソバシュロソウ 9月 基山

バアソブ 9月 基山

アキチョウジ
10月 古処山

ムラサキセンブリ
10月 平尾台

ヒキオコシ
10月上 大根地山

タカネハンショウズル
10月 福智山

サイヨウシャジン
10月 福智山

リンドウ 10月 平尾台

01

点在する巨木杉の中で森林浴を楽しむ

若杉山①

わかすぎやま
681m

日帰り

歩行時間＝4時間30分
歩行距離＝11・1km

技術度

体力度

コース定数＝20

標高差＝641m

累積標高差 819m 814m

篠栗《ささぐり》町と須恵《すえ》町との境界ある若杉山は、篠栗四国霊場八十八ヶ所めぐりで知られる。全山が杉林で覆われ、低山にしては急斜面も多い。神功皇后が新羅出兵に持参した香椎《かしい》宮の綾杉の枝が、凱旋後も青々としていたため太祖《たいそ》宮に植えた。そこから「分け杉」が「若杉」に転訛したとの山名説がある。中腹より上部に大杉が点在し、要所で大展望も楽しめる。山頂近くまで車道がのび、家族連れも多く、いつもにぎわっている。

ここではJR篠栗駅から須恵町側へ下山する単峰コースを紹介しよう。**JR篠栗駅**から県道607号に出て、右先の若杉登山口信号を左折する。道なりに進めば**三差路**に着く。ここで太祖神社（往復15分）に立ち寄るのもいい。

ここからは標識にしたがい、沢沿いの遊歩道を登る。若杉《わかすぎ》の湯《ゆ》の先でいったん車道に出るが、また脇の舗装道に入る。再び登路に入り、もう一度車道をかすめ、ジグザグに木段をつめると**若杉楽園**に出る。博多湾を一望できる絶景ポイントだ。

右の車道先から大和《やまと》の森《もり》遊歩道に入り、綾杉《あやすぎ》、七又杉《ななまたすぎ》、森最大の大和の大杉を楽しむ。七又杉手前の分岐に戻り左折する。厳しく細い木段を登りきると**林道に出る**。横断して長い石段を喘ぎながら登ると太祖神社上宮に着く。左の権《ごん》現杉《げんすぎ》下から巨岩をくぐり、ハサミ岩を抜け、奥の院を経て**若杉山**に立つ。無線中継鉄塔横の草地に標識とベンチがあるが、展望のない簡素な山頂だ。

■**鉄道・バス**
往路＝博多駅からJR福北ゆたか線で篠栗駅下車（約20分）。バス便は西鉄路線バスの篠栗か庄バス停で下車。帰路＝老人ホーム前バス停か一番田バス停から西鉄バスで福岡空港に出る。いずれも便数が少ないので事前確認のこと。

■**マイカー**
太祖神社や、下山地の須恵町立歴史民俗資料館の駐車場が利用できる。

■**登山適期**
野草が花を咲かせる春と、展望には秋がいい。

■**アドバイス**
▽篠栗駅前の観光案内所では、巡礼や登山関係資料を無料でもらえるのでありがたい。
▽大和の森遊歩道は全長2㌔の巨杉めぐりで、自然の偉大さを肌で感じられる。
▽奇岩のハサミ岩は善人だけしか通れないといわれ、奥ノ院は弘法大師が修行した地とされている。
▽下山時に「ささやきの小径」を経て、一番田バス停へ向かうのも楽しい（30分）。

■**問合せ先**
篠栗町役場☎092・947・1111、篠栗観光案内所☎092・947・1880、須恵町役場☎092・932・1151、歴史民俗資料館☎092・932・6312、

巨岩を潜りハサミ岩から奥の院へ

草地の簡素な若杉山山頂

岳城展望台から望む福岡市街地

左から米ノ山、若杉山、岳城山（篠栗駅北側から）

下山は太祖神社上宮西側の急斜面をジグザグに下降して**林道に出る**。右先から登路に入り、さらに緩急の下降を重ね、楽園分岐を左折すると、**登山口分岐**に着く。ここは直進する。岳城《たけじょう》分岐を右へ上がれば岳城山だ。石碑があり、北に立花山《たちばなやま》を望む。この先、分岐をそのまま進み、**展望台**に出る。ここも北西方面の大展望が広がる。

これからは舗装道をたどり、**登山口**をすぎた先で**四差路**に出る。正面へ下り、鐘突堂《かねつきどう》からもみじ谷を下れば、**旧キャンプ場入口**の小橋に出る。橋を渡り、歴史民俗資料館を経て**老人ホーム前バス停**に向かう。

（文＋写真＝日野和道）

久我記念館☎092・932・4987、JR九州案内センター☎0570・04・1717、西鉄お客さまセンター☎0570・00・1010

■2万5000分ノ1地形図

篠栗

CHECK POINT

1 若杉楽園は絶景ポイント。キャンプ場もあり、水場やトイレもある

2 長い石段を登りきると太祖上宮が待ち受け、すぐ近くにはご神木の権現杉がある

3 善人しか通れないといわれるハサミ岩。果たして通れるか？

4 もみじ谷のせせらぎを聞きながら、旧キャンプ場を下降する

＊コース図は18・19㌻を参照。

02

お遍路さんと連立ち、大展望の信仰の山へ

若杉山②・砥石山

わかすぎやま 681m
といしやま 828m

日帰り

歩行時間＝6時間55分
歩行距離＝17・9km

技術度 2/5
体力度 2/5

縦走コース1

コース定数＝32

標高差＝713m

累積標高差 ↗1321m ↘1326m

鬼岩谷から自然林に変わった気持ちよい稜線

若杉ヶ鼻から縦走路を望む（砥石山、奥は三郡山）

JR城戸南蔵院前駅《きどなんぞういんまえ》で降りて、まずは一番札所の南蔵院で手を合わせよう。国道201号を福岡市側へ歩き、七十二番札所先の「へんろ道」標識で左折する。高架橋を抜け、正面のへんろ道に入り、竹林を登ると**七番札所**に着く。

ここからは車道歩き中心に、六十五番、八十三番、さらに六十三番札所を経て、木段の道をつめると**荒田**《あらた》**高原**に出る。ここはちょっと迷うところだ。車道を右の公衆トイレの方へ進み、二十六番札所の先でへんろ道に入る。夫婦杉《めおとすぎ》の上で林道に出て、車止めの先で再びへんろ道に入り、仏岩《ほとけいわ》を通って**四差路**に出る。

ここから米《こめ》ノ山《やま》を往復してみよう。右の奥の院遥拝所を抜けて車道を進む。鳥居から階段を急登すると三宝大荒神《さんぼうだいこうじん》の祠がある**米ノ山**山頂に着く。

山頂からは、直進して展望台で福岡市街を一望したら**四差路**へ戻る。続いて右の自然歩道に入り、車道に出たら右の太祖《たいそ》神社上宮に寄り、奥の院経由で**若杉山**山頂に立つ。

ここからが縦走だ。東へ下降するとすぐ若杉ヶ鼻の岩場に出る。縦走路や三郡山《さんぐんざん》を望んだら急斜面を下る。いったん尾根歩きに変わり、再び南へ下降すると**ショウケ越**《ごえ》に着く。県道60号にかかる橋を渡り、緩急の登りを重ねて、**鬼岩**《おにいわ》**谷**《だに》でひと休みしよう。展望のない草地だが、1等三角点がある。

ここから自然林に変わり、稜線を気持ちよくたどればコース最高点の**砥石山**《といしやま》だ。山頂は高い広葉樹に覆われ、ここも展望はない。

鞍部まで急下降し、登り返せば**前砥石山**《まえといしやま》だ。ここは最後の展望所で、宝満山《ほうまんざん》など、三郡山地の南半分が望める。

■**鉄道・バス**
往路＝博多駅からJR福北ゆたか線城戸南蔵院前駅で下車（約30分）。バス便はない。
復路＝障子岳バス停から西鉄バスで福岡市の天神や博多駅に出るが、便数が少ないので事前に確認すること。

■**マイカー**
入山口の城戸南蔵院前駅と下山地の昭和の森に、いずれも有料の駐車場がある。

■**登山適期**
春と秋はお遍路さんが多く独特な雰

須恵町から望む若杉山（左）、ショウケ越（中）、砥石山（右）

稜線を南にたどり、内住狭《ないじゅきょう》、JR九郎原《くろうばる》分岐、その先の内《うち》ケ畑《はた》分岐をすぎると**欅谷《つきたに》Aコース分岐**に着く。ここで右折して、雨水で荒れたV字路を急下降する。やがて尾根を下る二ツ釜《ふたがま》コースとの分岐を左折する。ジグザグの急下降はさらに続き、沢を渡ると**Aコース登山口**に出る。舗装林道をひたすら下り、キャンプ場が見えてくると**昭和の森駐車場**に着く。ひと休みして**障子岳《しょうじだけ》バス停**に向かおう。

（文＋写真＝日野和道）

CHECK POINT

1 まずは一番札所・南蔵院で手を合わせて安全祈願する

2 車も利用できる米ノ山展望台は、いつもにぎわっている

3 県道60号のショウケ越にかかるコンクリート橋を渡る

4 コースで一番高い砥石山山頂は、木立に囲まれ展望はない

5 南側が開けた前砥石山からは、三郡山や宝満山が望める

6 稜線上の欅谷Aコース分岐。直進は三郡山への縦走コースだ

囲気を味わえ、縦走路では草花や新緑・紅葉が楽しめる。

■アドバイス

▽砥石山の山名は『続風土記』に「砥石あり、故に山の名とす」とあり、実際に砥石が採れたようだ。

▽水は奥の院の売店や荒田高原、上宮横の自販機でも得られる。

▽三郡山への縦走は、欅谷Aコース分岐から稜線を進んで約50分。

▽春と秋はお遍路さんが多い。狭い道ではお遍路さんが優先であろう。また霊場だけに、周囲への気配りも忘れずに。

▽各札所の寺院名は以下の通り、七十二番札所＝田ノ浦拝師堂、七番札所＝田ノ浦阿弥陀堂、六十五番札所＝三角寺、八十三番札所＝千手院、六十三番札所＝天狗岩山吉祥寺。

▽下山時のAコース登山口からBコース登山口までは、荒れているので要注意。

■問合せ先

篠栗町役場☎092・947・1111、篠栗観光案内所☎092・947・1880、宇美町役場☎092・932・1111、JR九州案内センター☎0570・04・1717、西鉄お客さまセンター☎0570・00・1010

■2万5000分ノ1地形図

篠栗・太宰府

＊コース図は18～21ページを参照。

鳴渕
山手
筑前山手駅
小浦
大久保
268
318
「へんろ道」標識
南蔵院
城戸
二瀬川
201
2-1
城戸南蔵院前駅
115m
Start
0.30
0.25
七十二番札所
山王
篠栗
中河内
田ノ浦
174
208
七番札所
竹林
200
平原
八木山バイパス
285
桐ノ木谷
0.40
0.35
347
丸尾
岡部
六十三番札所
御田原
天狗岩
六十五番札所
八十三番札所
300
栄谷
花廻
内住
木段の道
荒田高原
400
461
WC
437
二十六番札所
スギの美林
0.35
0.30
林道
500
荒田
358
十郎
原
夫婦杉
北に犬鳴山が見える
600
尾根歩き
621
0.40
0.50
荒れた休憩小屋
急斜面
急斜面
2-3
ショウケ越
398
60
鍛冶木屋
大野
緩急の斜面が続く
0.45
0.35
急斜面
鬼岩谷
774
自然林に変わる
飯塚市
358
今屋敷コース
741
0.25
0.20
緩い斜面
676
宇美町
516
仲の原
鬼岩
急斜面
砥石山
2-4
828
0.15
0.20
鞍部
前砥石山
805
2-5
20-21ページへ
飯塚へ
飯塚駅へ
飯塚へ
N
0
500m
1:30,000

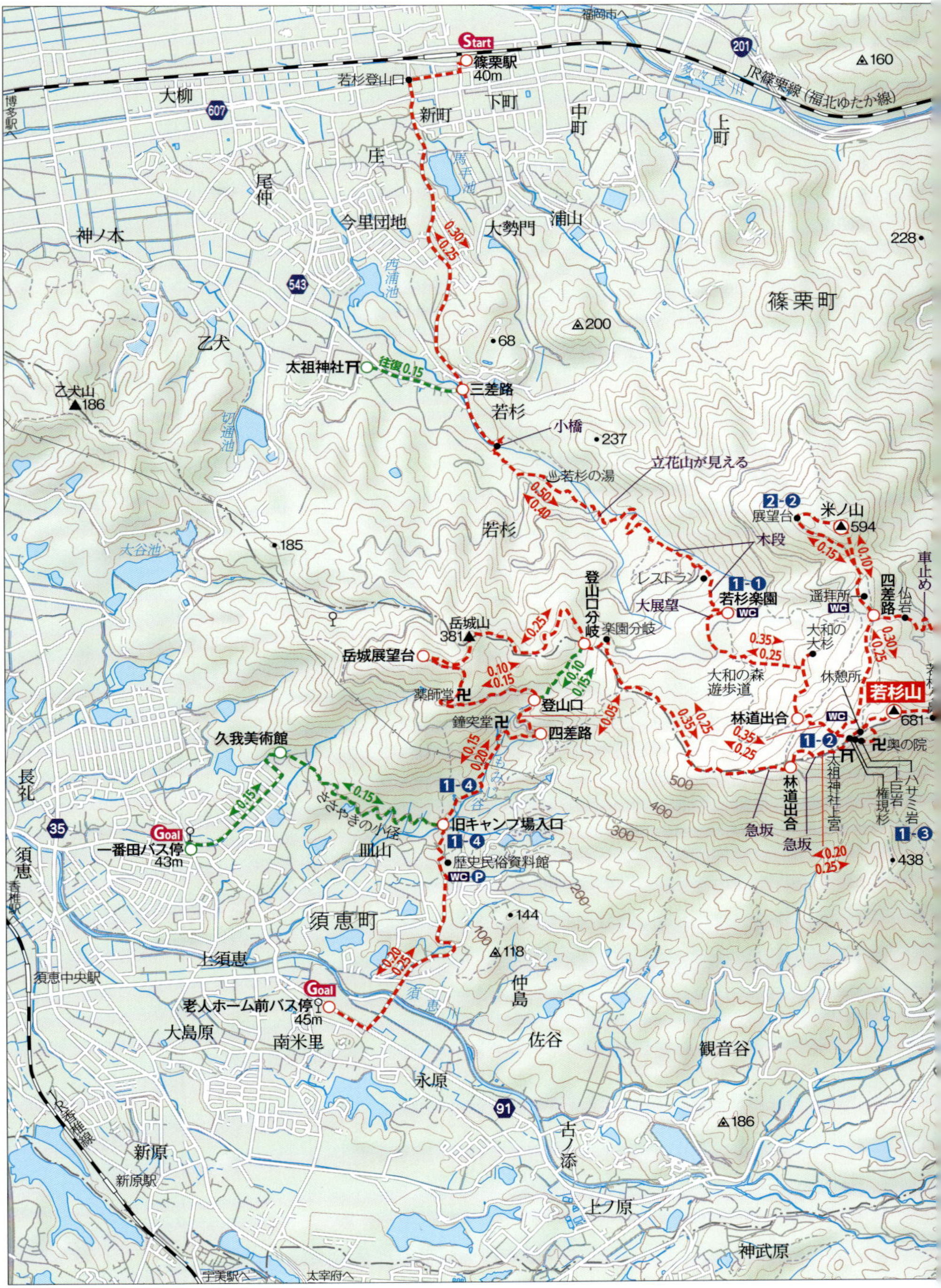
Start
篠栗駅
40m
若杉登山口
福岡市へ
201
JR篠栗線（福北ゆたか線）
160
博多駅へ
大柳
607
新町
下町
中町
上町
庄
尾仲
今里団地
大勢門
浦山
神ノ木
543
西浦池
228
篠栗町
200
68
乙犬
太祖神社
往復0.15
三差路
若杉
乙犬山
186
小橋
237
切通池
若杉の湯
立花山が見える
2-2
展望台
米ノ山
594
木段
0.50
0.40
若杉
185
大谷池
レストラン
1-1
若杉楽園
大展望
登山口分岐
楽園分岐
遥拝所
四差路
仏岩
車止め
大和の大杉
岳城山
381
岳城展望台
0.25
0.10
0.15
薬師堂
登山口
大和の森遊歩道
休憩所
若杉山
681
鐘突堂
四差路
林道出合
久我美術館
1-2
奥の院
太祖神社上宮
ハサミ岩
巨岩
権現杉
長礼
0.15
0.20
1-4
旧キャンプ場入口
林道出合
急坂
急坂
1-3
438
35
Goal
一番田バス停
43m
ささやきの小径
皿山
歴史民俗資料館
WC
須恵
香椎駅へ
須恵町
144
上須恵
118
須恵中央駅
Goal
老人ホーム前バス停
45m
大島原
南米里
仲島
佐谷
観音谷
須恵川
永原
91
JR香椎線
186
古ノ添
新原
新原駅
上ノ原
神武原
宇美駅へ
太宰府へ
500
400
300
200
100

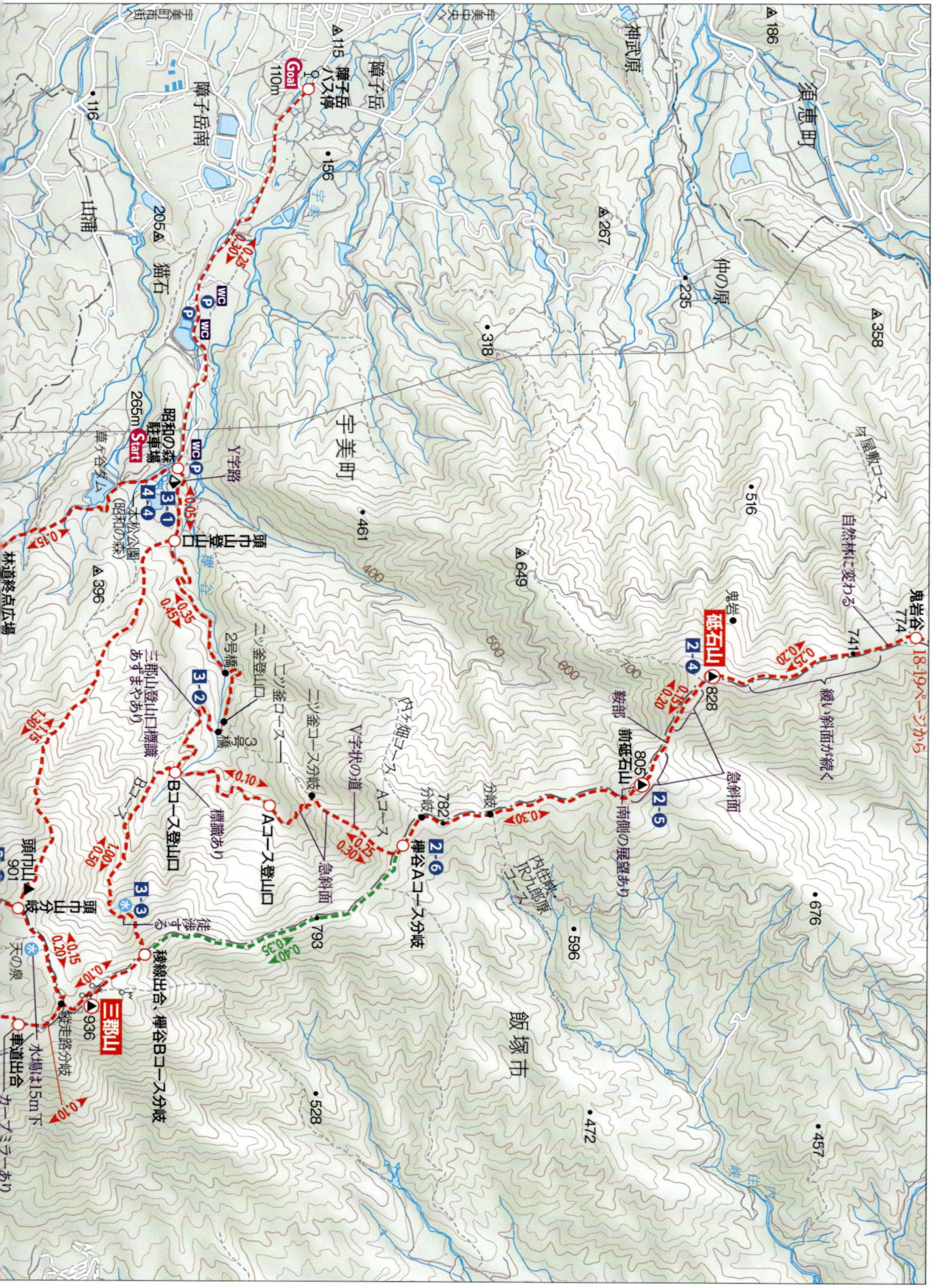
障子岳バス停
Goal
110m
障子岳
障子岳南
宇美町
昭和の森駐車場
265m
Start
Y字路
頭巾山登山口
猫石
山浦
須恵町
仲の原
神武原
砥石山
828
前砥石山
805
鬼岩谷
774
18・19ページから
三郡山
936
頭巾山
901
頭巾山分岐
天の泉
縦走路分岐
車道出合
林道終点広場
Aコース登山口
Bコース登山口
稜線出合、欅谷Bコース分岐
欅谷Aコース分岐
二ツ釜登山口
二ツ釜コース分岐
三郡山登山口標識
あずまやあり
標識あり
急斜面
V字状の道
南側の展望あり
自然林に変わる
緩い斜面が続く
鞍部
飯塚市
水場は15m下
カーブミラーあり
本松公園（昭和の森）
2号橋
3号橋
分岐
782
793
396
461
649
516
358
235
267
318
156
115
116
205
186
676
596
472
528
457
741

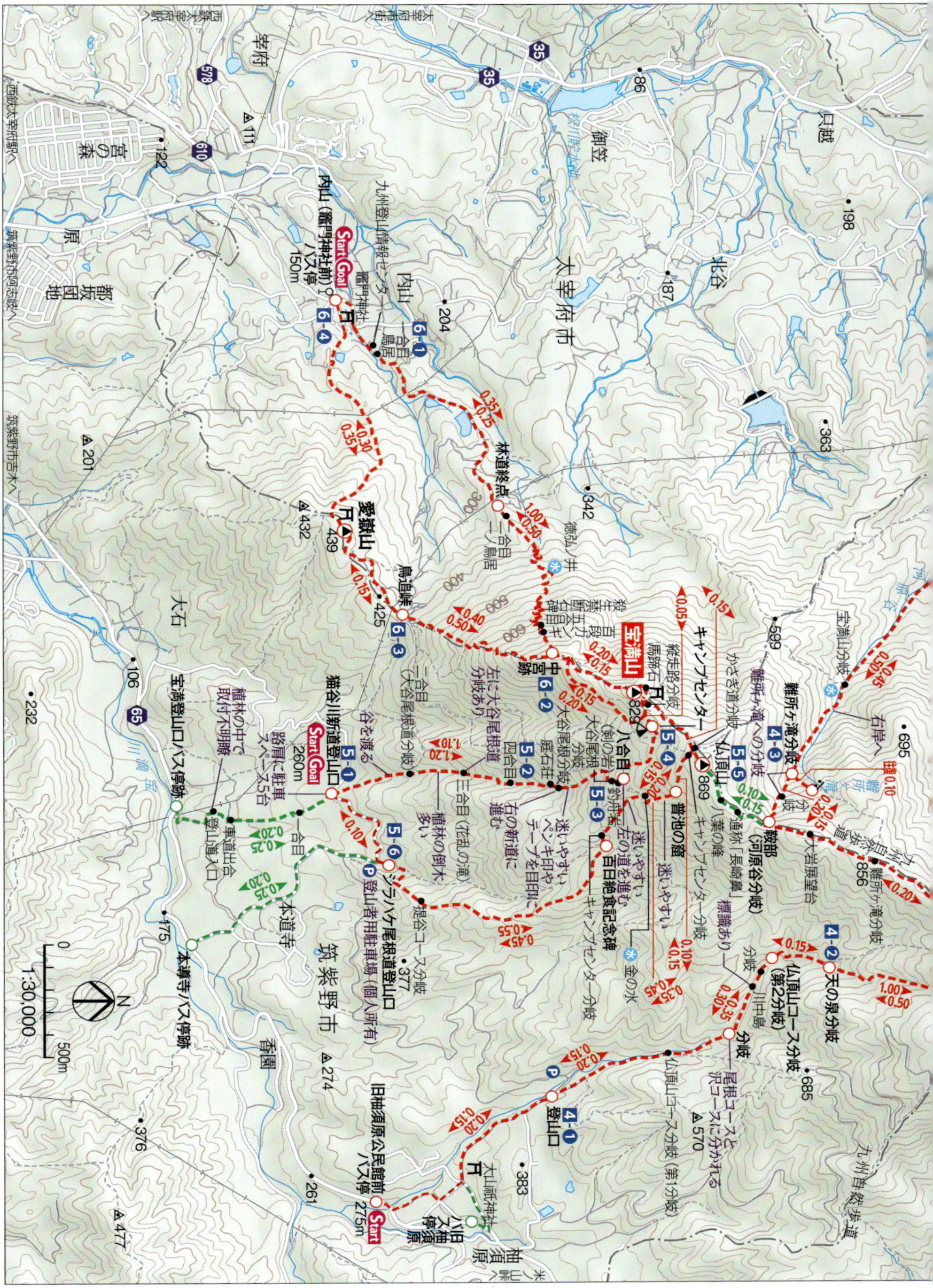
宰府
宮の森
原
都府楼
太宰府市
北谷
御笠
内山
竈門神社
内山(竈門神社前)バス停
150m
Start Goal
九州登山情報センター
一合目鳥居
林道終点
二合目鳥居
愛嶽山
鳥追峠
徳弘ノ井
中宮跡
キャンプセンター
宝満山
829
仏頂山
869
八合目
百日絶食記念碑
普池の窟
金の水
難所ヶ滝分岐
鞍部(河原谷分岐)
大谷展望台
856
仏頂山コース分岐(第2分岐)
天の泉分岐
分岐
尾根コースと沢コースに分かれる
仏頂山コース分岐(第1分岐)
登山口
旧柚須原公民館前バス停
275m
Start
柚須原バス停
大山祇神社
猫谷川新道登山口
260m
Start Goal
路肩に駐車スペース5台
宝満登山口バス停跡
植林の中で取付不明瞭
車道出合
登山道入口
一合目
本道寺
本道寺バス停跡
シラハケ尾根道登山口
登山者用駐車場(個人所有)
筑紫野市
大石
香園
三合目(花乱の滝)
四合目
五合目
二合目(大谷尾根道分岐)
谷を渡る
植林の倒木多い
右の新道に進む
迷いやすい
九州自然歩道
1:30,000
N
0
500m

03

三郡山①

さんぐんざん
936m

谷コースを登り尾根コースを下る周回最短コース

日帰り

歩行時間＝4時間25分
歩行距離＝7・1km

技術度 2/5
体力度 1/5

縦走コース②

コース定数	=19
標高差	=671m
累積標高差	↗ 819m ↘ 819m

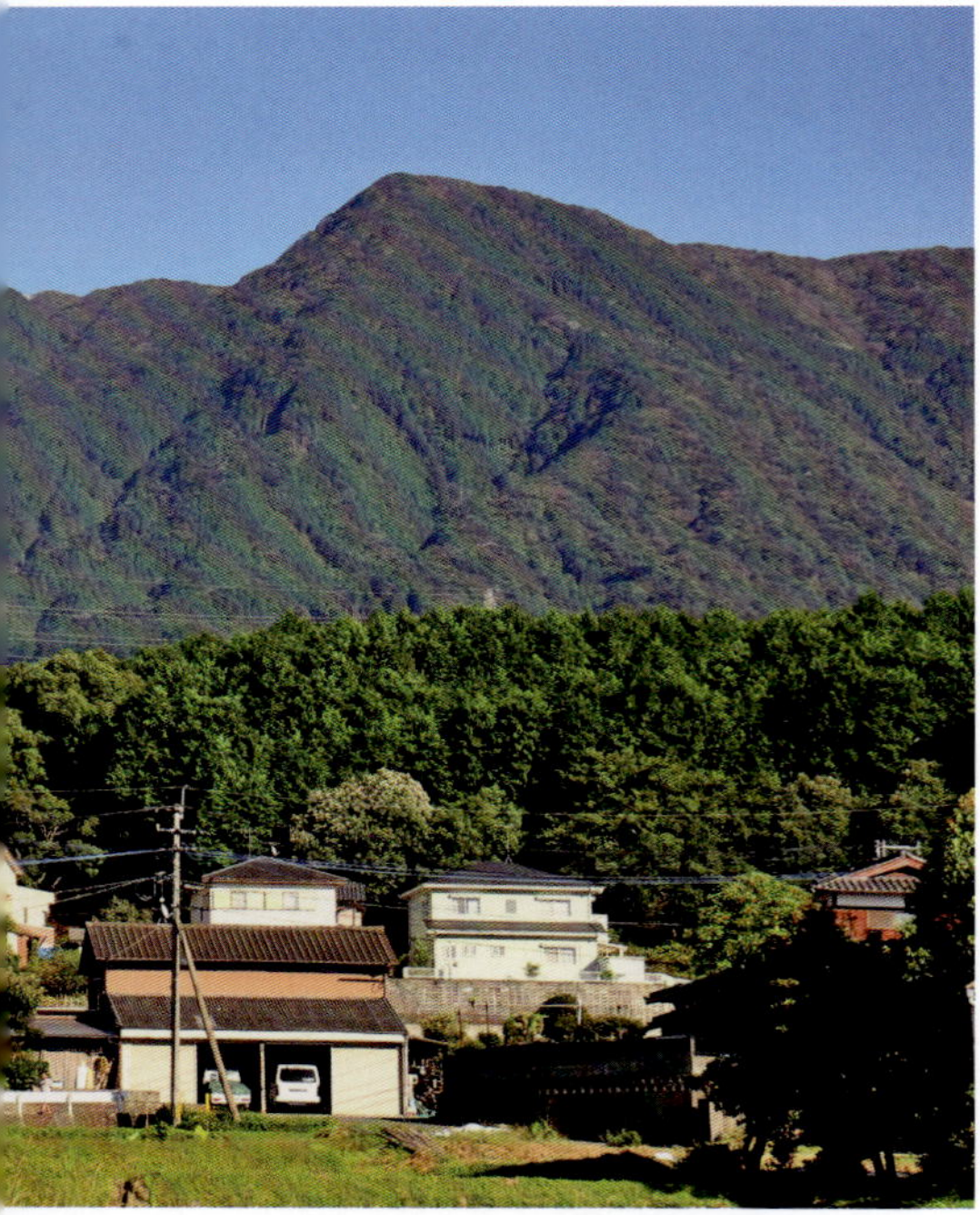

障子岳バス停付近から見た三郡山と頭巾山（右）

宇美《うみ》町の一本松《いっぽんまつ》（昭和の森）公園から砥石山《といしやま》、三郡山、宝満山《ほうまんざん》へはいくつものコースがあるが、最短で三郡山と頭巾山《とっきんざん》を周回するコースを歩いてみよう。

障子岳《しょうじだけ》バス停から昭和の森へ。

昭和の森の最奥のバンガローの前から左に行くと、道がY字路となり右に進む。すぐに頭巾山直登の**登山口**が右にあるが、これは下山路にしてそのまま林道を進む。欅《つき》谷《だに》本流を2度目に渡った先で道は右に回りこみ、あずまやの先で分岐するが、左は橋の手前から、右は途中で崩れた林道の先に**欅谷Bコースの標識**があり、両コースはここで合流する。あとは欅谷を下方に眺め、滝の横で同じ高さに近づき、炭焼き窯の先では高巻いて進むと、やがて欅谷源流の徒渉地点に出る。この付近で福岡市街や頭巾山が望まれる。谷を渡るとヒノキ林の急坂を木段で登り**稜線に出る**。左は砥石山への道、ここでは右にリョウブやネジキの中を進むと、国交省のレーダー施設の中をすぎ、**三郡山**山頂に達する。

山頂から縦走路を仏頂山《ぶっちょうさん》、宝満山方面に進む。天の泉の標識をすぎた次の**分岐**で縦走路と分かれ、右に進むと林の中に頭巾山の標識がある。

■**鉄道・バス**

往路・復路＝博多バスターミナルから障子岳バス停まで約1時間。JR香椎線宇美駅からは約15分で障子岳バス停。ここから1・6㌔、30分で昭和の森バンガロー前駐車場。

■**マイカー**

太宰府ICから国道3号を北上、御笠川4丁目北で右折、県道60号をとり昭和の森へ。12㌔、30分。

■**登山適期**

ミツバツツジの咲く4月下旬～5月上旬。紅葉の10月中旬～11月上旬。

■**アドバイス**

▽若杉山～三郡山～宝満山と縦走する際、欅谷AコースとBコース間の縦走路は40分、逆コースの場合は35分で若杉山②コースとつながる。

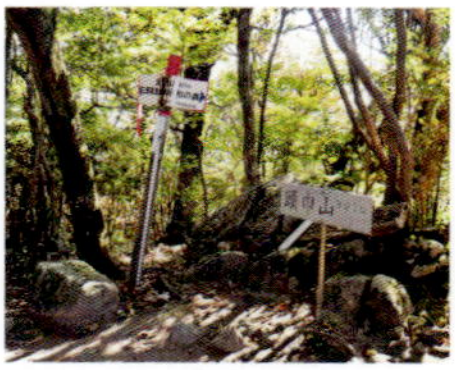

縦走路をはずれた頭巾山は静かなたたずまい

■**問合せ先**

宇美町役場☎092・932・1111、西鉄バス宇美営業所☎092・932・1426

■**2万5000分ノ1地形図**

太宰府

レーダー施設の背後に三郡山の山頂がある

天の泉付近の縦走路

ここから尾根道を下り、小さな鞍部で岩を越え、長いロープ場をすぎる。道ははっきりした一本道、迷うところはない。両側から植林地が近づいてもほぼ自然林の中の道が続く。下り続けると黒々と茂るカシの森の道をすぎ、スギ、ヒノキの森に入ってロープで下ると、登り口に確認していた**登山口**に出る。林道を左へ進めばバンガローが並ぶ**昭和の森**に戻る。

（文＋写真＝五十嵐 賢）

CHECK POINT

1 バンガローのY字分岐は右をとる

2 林道が右に回り込んだ先にあずまやがあり、Y字の分岐はどちらも先で合流する

3 欅谷の源流を渡ると稜線は近い

4 三郡山山頂から宝満山への縦走路から右に100メートルで頭巾山

＊コース図は20・21ページを参照。

ロープ場の急坂もある頭巾山からの下り

04

福岡の岳人を育んだ縦走コースの最高峰、宝満川源流から難所ヶ滝へ

三郡山②

さんぐんざん
936m

日帰り

歩行時間＝5時間5分
歩行距離＝9・8km

技術度
体力度

縦走コース3

コース定数＝20

標高差＝661m

累積標高差 728m 862m

宝満源流は尾根分岐のすぐ先が核心部

県のほぼ中央を南北に連なる三郡山地の最高峰。いわゆる三郡縦走といえば若杉山《わかすぎやま》から宝満山《ほうまんざん》までをいい、三郡山は縦走路の中間地点よりやや南寄りに位置している。山頂の航空監視レーダードームがよく目立ち、糟屋《かすや》、旧筑紫《ちくし》、旧嘉穂《かほ》の三郡から登山道が通じている人気の山だ。

県道65号から**柚須原**《ゆすばる》**集落入口**でタクシーを降り、大山祇神社の横を登り、林道が左カーブする手前が**登山口**。荒れた林道を進んで仏《ぶっ》頂山《ちょうさん》への分岐（第1分岐）をすぎると尾根コースと渓流コースがあり、後者をとる。これが宝満川源流（三郡山直行）コースで、クサリやロープを伝って進むと、広く緩やかな流れになる。川中島、尾根コース合流地、**仏頂山（第2分岐）分岐**をすぎて**天の泉分岐**に出る。ここからは側壁が高く流れが細く急になり、ロープを伝う。やがて沢と分かれ、緩斜面からカーブミラーのある**車道に出る**。車道を進み、レーダー施設の背後から右に回りこんで**三郡山**山頂に達する。施設越しではあるが展望はよい。

車道を戻り、縦走路を仏頂山、宝満山方面に向かう。多少のアップダウンはあるが、雰囲気のいい縦走路が大きく下った**鞍部（河原**《ごうら》**谷**《だに》**分岐）**から右に下るのが難所《なんしょ》ヶ滝、昭和の森への道。この鞍部を直進すると2箇所展望のいい岩場（通称長崎鼻ほか）がある。とくに東側の展望がよく、古処《こしょ》三山、英《ひ》彦山《こさん》、犬《いぬ》ヶ岳《たけ》がよく見えるので、ぜひ立ち寄りたい。

鞍部からは急なごろ石の道をロープに託して下っていくと、右手に2箇所、**難所ヶ滝への分岐**がある。冬季には難所ヶ滝の大つらら探勝登山でにぎわう。

下山路は両側の側壁から岩が転がり落ちてきた河原地形といわれ、それが河原谷の由来とか。九州では広河原、三里河原、鹿納河原などがあり、いずれも「ごうら」とよぶのが正しく、「ごうら」だけでその地形の特徴がつかめると、古い岳人はいう。歩きにくいごろ石の道がスギ林に入ると**林道**に出て、先で**昭和の森駐車場**へ右の道をと

■鉄道・バス
往路＝JR二日市駅から西鉄バスで吉木バス停へ。ここからタクシーを利用（約15分）して柚須原集落へ。
復路＝障子岳バス停から博多駅方面へのバス便がある。

■マイカー
往路＝筑紫野ICから国道386号を

る。直進しても貯水池横のゲートの前で合流する。そのまま下れば**障子岳バス停**に出る。

（文＋写真＝五十嵐 賢）

CHECK POINT

1 大山祇神社をすぎて、林道が左カーブする手前に右に登る古い林道が登山口

2 天の泉への道はやや荒れていて一般向きではない。本流をたどる

3 縦走路から河原谷へ下ると難所ヶ滝の分岐がある

4 キャンプ場のバンガロー前から下っていくと、ゲートの前からバス停へ向かう

飯塚市筑穂町から見る三郡山全容

難所ヶ滝の大つららの季節には多くの登山者の列ができる

行き、永岡で左折、県道53号、65号をとり、13キロ、30分で登山口。復路＝太宰府ICから国道3号を北上、御笠川4丁目北で右折、県道60号をとり昭和の森へ。12キロ、30分。旧柚須原バス停付近や登山口付近の路肩に数台ずつ駐車可能。

■登山適期
新緑の4〜5月、紅葉から落葉期の10〜11月、それに難所ヶ滝の大つららが見られる1〜2月が楽しい。

■アドバイス
▽河原谷分岐と通称長崎鼻の岩場から宝満川源流の第1、2分岐へ下る道がある。いずれも約50分で宝満川源流に出合う。三郡〜宝満間を縦走して柚須原に周回できる。
▽沢水が増した雨後や梅雨時期の源流コースは要注意。この場合には自然歩道の車道（一部ショートカットの道がある）を利用すること。
▽難所ヶ滝の大つらら鑑賞はアイゼン必携。

■問合せ先
筑紫野市役所☎092・923・1111、宇美町役場☎092・932・1111、西鉄バス二日市原支社☎092・928・8383、二日市タクシー☎092・922・3424、西鉄バス宇美営業所☎092・932・1426

■2万5000分ノ1地形図
太宰府

＊コース図は20・21ページを参照。

05 渓谷と奇岩の猫谷川新道から山頂を目指す

宝満山①

日帰り

ほうまんざん
829m（最高点＝869m／仏頂山）

歩行時間＝3時間40分
歩行距離＝4・8㎞

技術度
体力度

縦走コース4

コース定数	＝15
標高差	＝609m
累積標高差	648m（登り）／648m（下り）

宝満山は学問の神様である菅原道真公を祀る太宰府天満宮《だざいふてんまんぐう》の背後にあり、福岡県太宰府市と筑紫野市の境界に位置する。山麓から見た山容から御笠山《みかさやま》、竈門山《かまどやま》の別名があり、古くから霊峰として崇められ、修験道の歴史が残る山である。四季を通じて多くの登山者に親しまれ、休日には家族連れや老若男女でにぎわう。登山道も各所から通じているが、裏宝満の猫谷《ねこだに》川《がわ》新道から宝満山と仏頂山《ぶっちょうさん》を周回するコースを紹介する。

猫谷川新道に入って谷を渡り、二合目の分岐をすぎると植林の倒木が目立つようになる。夫婦《めおと》滝などの小滝を越えていくと、三合目の花乱《からん》の滝では右の谷沿いの道を進む。いくつかの名前がついた小滝をすぎると、巨石の折り重なった庭園風の庭石荘《にわいしそう》である。本道と新道の分岐があり、右の新道に進むと巨岩の釣舟岩《つりふねいわ》に着くので、岩穴を抜けるか迂回することもできる。釣舟岩の上には幅50㌢ほどの長い岩溝があり、その間を通り抜けると**八合目**の剣《つるぎ》の岩である。この分岐はキャンプセンターを経由して宝満山へ続く、左の道を進む。**キャンプセンター**をすぎて、花崗岩の岩場に設けられたクサリ場と石段を登れば、**宝満山**山頂である。

宝満山頂を覆う岩峰

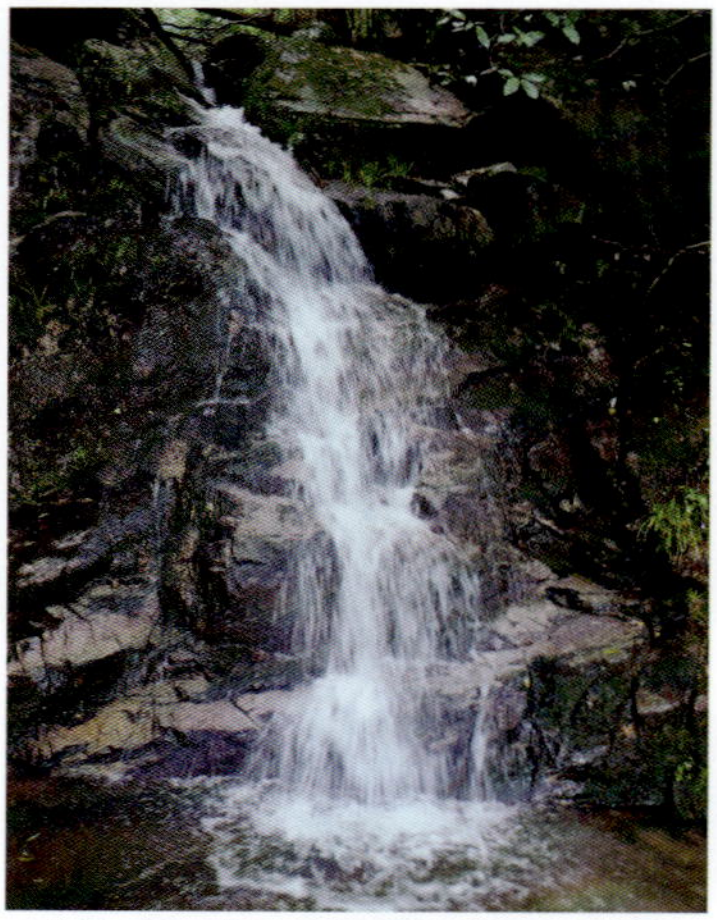

三合目にある花乱の滝。登山道は右の谷沿いに進む。左の道は大谷尾根道に行く

展望を楽しんだら仏頂山を目指す。往路を戻り、キャンプセンターの手前で三郡山《さんぐんざん》の縦走路へ進路をとる。**仏頂山**は祠が祀られ、樹林に囲まれた静かな山頂である。展望を期待するなら、10分ほど先にある通称長崎鼻《ながさきばな》といわれる露岩まで足をのばしたい。

仏頂山からは往路を戻り、縦走路の途中から本道寺《ほんどうじ》方面へ下山する。**普池《ふち》の窟《くつ》**から金《きん》の水をすぎ、百日絶食《ひゃくにちぜっしょく》記念碑までの道は迷いやすいので、ペンキやテープを見落とさないようにしたい。

百日絶食記念碑で分岐する右側の谷沿いの道は、テープやリボン

■鉄道・バス

往路・復路＝鉄道駅から登山口への直行バスがないので、マイカーを利用したい。以前あった筑紫バスは廃止になり、代わりにできたコミュニティバスは、乗り換えなどの連絡が悪く利用価値が低い。マイカーがない場合は、JR二日市駅または西鉄二日市駅から吉木まで西鉄バスを利用して、あとはタクシーで登山口まで行く方法もある。

■マイカー

キャンプセンターから見た山頂の岩峰

が結んであるが、提谷《ひさげだに》新道に通じる道でやや難路である。谷から離れる左側の安全なシラハケ尾根道を下ろう。登山道はとくに不明瞭な箇所もないので、**シラハケ尾根道登山口**に出たら、林道を歩いて**猫谷川新道登山口**へ戻ろう。

（文＋写真＝内田益充）

CHECK POINT

1 猫谷川新道の登山道入口。マイカーの場合は付近の路肩に5台程度駐車できる

2 庭石荘は巨岩が折り重なっている庭園風の場所で、五合目付近にあたる

3 釣舟岩上部の岩溝の間を通り抜けると剣の岩の八合目である

4 山頂直下のキャンプセンターは、休憩に適しているため多くの登山者でにぎわう

5 祠が祀られている仏頂山は、樹木に囲まれた静かな山頂である

6 シラハケ尾根道コース登山口。直進は民有地なので左側の道を迂回する

九州自動車道太宰府ICから国道3号に出て35号を経由し、76号から65号に入る。猫谷川新道登山口まで約12キロ。登山口に続く林道は一部未舗装のため、取り付きを間違えないこと。路肩に5台程度駐車可能。

■登山適期
新緑や紅葉の季節がベストだが、夏の沢登りコースとして最適。提谷新道も滝が多くおもしろい。

■アドバイス
▽キャンプセンターには丸太造りの山小屋、トイレ、水場がある。日蔭もあって大休止や昼食に最適の場所。
▽猫谷川新道や提谷新道は、正面登山道のようなりっぱな指導標はなく、ほとんどがペンキやテープを目印に登ることになる。迷いやすい箇所も多く、はじめての人は経験者の同行が望ましい。とくに宝満登山口バス停跡からの登山道は取り付きがわかりにくい。

■問合せ先
太宰府市観光推進課☎092・921・2121、筑紫野市商工観光課☎092・923・1111、キャンプセンター（竈門神社）☎092・922・4106、西鉄バス二日市原支社☎092・928・8383、二日市タクシー☎0120・00・3424

■2万5000分ノ1地形図
太宰府

＊コース図は20・21ページを参照。

山頂より砥石山から若杉山へ続く稜線を望む

徳弘ノ井の水場

06 宝満山②

四季を通じ登山者の絶えない修験道の歴史ある山

日帰り

ほうまんざん
829m

歩行時間＝3時間40分
歩行距離＝6・5km

技術度

体力度

コース定数＝16
標高差＝679m
累積標高差 747m 747m

宝満山は各所から網の目のように登山道が開かれているが、多くの登山者は竈《かまど》門神社から修験道の石段を登る、正面登山道を利用している。親しまれている理由として、交通の利便性がよいことのほかに、りっぱな指導標やベンチが整備され、はじめての人でも安心して登れることが大きい。ここでは代表的な正面登山道から山頂を目指し、下山を静かな行者《ぎょうじゃ》道へ周回するコースを紹介しよう。

内山《うちやま》（竈門神社前）バス停から、車道を進んで一合目の鳥居から登山道に入る。林道を横断して近道しながら進むと、鉄塔の横で**林道の終点**に出る。二合目一《いち》ノ鳥居《とりい》があり、ここから本格的な石段となる。徳弘《とくひろ》ノ井《い》の水場や五合目の殺《せっ》生禁断《しょうきんだん》石碑をすぎて、百段ガンギといわれる石段を登りきると、ほどなくして石碑の建つ**中宮跡**に着く。すぐ上で登山道が分かれるが、中央の男道を行く。八合目と九合目の標識を見て馬蹄石《ばていせき》をすぎ、最後の石段を登ると竈門神社の上宮が建つ**宝満山**山頂である。

山頂からは間近に砥石山《といしやま》や若杉《わかすぎ》山《やま》の三郡《さんぐん》山地が展開し、東に古処《こしょ》山《ざん》や英彦山《ひこさん》、西に博多《はかた》湾から脊振《せふり》山地を望むことができる。

下山はクサリ場を下って、キャンプセンターへ向かう。**キャンプセンター**広場の右隅から石段を下ると、女道へ通じている。女道を進むと**中宮跡**に戻るので、ここで往路から離れて左奥にある行者道に入る。この登山道は往路のような石段とは異なり、自然の山道で急斜面の下りが続く。途中には数

竈門神社上宮の建つ宝満山山頂

■鉄道・バス
往路・復路＝西鉄太宰府駅または都府楼前駅から太宰府市コミュニティバス「まほろば号」に乗車し、終点の内山（竈門神社前）で下車。乗車20分。

■マイカー

CHECK POINT

一合目の鳥居の裏には、朱色の鳥居が続く式部稲荷がある

▼

男道と女道の分岐。男道は直登ルート。女道はキャンプセンター経由

▼

急斜面を下り終えると各方面の分岐ルートがある鳥追峠。愛嶽山へは直進する

▼

最後は竈門神社の境内に出る。竈門神社は縁結びのご利益で知られている

↑山麓の吉木付近から見た宝満山
←名物の百段ガンギの石段

箇所の手造り指導標がある程度で、りっぱな指導標はないが、登山道は明瞭なので、踏跡を見失わない限り迷うことはない。急坂を下りきると、各コースが分岐する**鳥追峠**《とりおい》。直進方向へ緩やかに登ると、赤い鳥居をくぐり**愛嶽山**《おだけさん》に着く。植林帯の中を下ると、池の横を通って竈門神社の境内に出る。あとは参道を下ると、竈門神社前の**内山バス停**に戻る。

（文＋写真＝内田益充）

九州自動車道太宰府ICから国道3号に出て、35号を経由し578号に入る。竈門神社まで約8㌔。有料駐車場40台。トイレあり。

■**登山適期**

新緑や紅葉の季節がベスト。真夏を避けたい。

■**アドバイス**

▽キャンプセンターには丸太造りの山小屋、トイレ、水場がある。日陰もあって大休止や昼食に最適の場所。竈門神社近くにある九州登山情報センター「山の図書館」は、ふだん見ることのできない多くの貴重な蔵書を有している。機会があれば訪れてみたい。（11～16時開館、水・木曜休館）。

九州登山情報センター「山の図書館」

■**問合せ先**

太宰府市観光推進課☎092・921・2121、キャンプセンター（竈門神社）☎092・922・4106、九州登山情報センター「山の図書館」☎092・928・2729、まほろば号（太宰府市地域コミュニティ課）☎092・921・2121

■**2万5000分ノ1地形図**

太宰府

＊コース図は20・21㌻を参照。

07

北九州市民の憩いの山から尺岳にいたるロングコース

皿倉山・尺岳

さらくらやま　622m
しゃくだけ　608m

日帰り

歩行時間＝8時間15分
歩行距離＝20・4km

技術度　体力度

縦走コース1

コース定数＝38

標高差＝609m

累積標高差　↗1612m　↘1575m

皿倉山の山頂からは関門海峡の眺めがよい

福智《ふくち》山地の北端にある皿倉山は、ケーブルカーとスロープカーを乗り継いで山頂まで行けることから、北九州市民の憩いの山となっている。山頂は360度の大展望で、とくに夜景は新日本三大夜景の認定を受けている。休日には登山者以上に行楽の家族連れや老若男女でにぎわう。福智山地は皿倉山から南端の牛斬山《うしきりやま》まで延々30キロ続くが、尺岳までの約12キロを歩く縦走コースを紹介する。

JR八幡《やはた》駅から皿倉山へ向かう車道を歩く。**ケーブルカー山麓駅**からは、右手奥にある煌彩《こうさい》の森コース（尾倉《おぐら》登山口）から登山道に入る。ふれあいの家をすぎ、急坂の見返り坂を登る。皿倉の泉（水場）を経て自然林の中を抜けると車道に出る。目前の広場は八合目の**皿倉平**で、休憩所やトイレがある。

ここから左に進み、ビジターセンター前の冒険の森を抜けると**皿倉山**山頂に着く。広い山頂は人工物で占有されているが、360度の大展望が得られ、北九州市街地と関門《かんもん》海峡の眺めがすばらしい。

展望を楽しんだら往路を**皿倉平**まで戻る。尺岳へは車道を権現山《ごんげんやま》方面へ向かい、途中から九州自然

■鉄道・バス
往路＝JR八幡駅から皿倉山の山麓駅までは徒歩。
復路＝道目木バス停からは西鉄バスでJR直方駅へ。乗車15分。

■マイカー
皿倉山の山麓駅まで北九州都市高速4号の大谷ランプから約2キロ。山麓駅には有料の帆柱公園立体駐車場があり、普通車178台が駐車でき、24時間入出庫可能。尺岳方面では竜王峡キャンプ場に有料駐車場（キャンプ村開設時期以外は無料）があり、約60台駐車可能。九州自動車道八幡ICから国道200号を経て28号に入り約7キロ。紹介した縦走コースの場合、マイカー利用は不向き。

■登山適期
新緑の季節がベスト。長いコースなので、日の短い晩秋から冬の時期は避けたい。

■アドバイス
▽市ノ瀬峠から尺岳間は途中に水場がない。逆コースから登山して、皿倉山から下山の際にスロープカーとケーブルカーを利用する方法もある。
▽尺岳から竜王峡への下山ルートを四方越経由で下れば、30分程度は時間短縮できる。山瀬越から豊前越を経て福智山まで足をのばす場合は、さらに1時間30分を要する。

■問合せ先
北九州市八幡東区総務企画課☎09

新日本三大夜景の認定を受けている皿倉山の夜景

3・671・1459、皿倉山ビジターセンター☎093・681・5539、直方市役所商工観光課☎0949・25・2156、竜王峡キャンプ村☎0949・26・0141、西鉄お客さまセンター☎0570・00・1010、皿倉登山鉄道株式会社☎093・671・4761

■2万5000分ノ1地形図
八幡・徳力

歩道の指導標に沿って権現山周回道路に入る。樹林の中を平坦な道が続き、キャンプ場や皇后杉《こうごう》をすぎると右手に**市ノ瀬峠《いちのせ》への分岐**を示す指導標がある。

丸木の階段を下りて、さらに下り続け、緩やかな道に変わると突然車道に出る。ここが**市ノ瀬峠**で、車道を左へ行くとすぐ右手に九州自然歩道の標識がある。ここから展望のない樹林帯の長い縦走路となるが、落葉を踏みしめての森林浴も心地よい。

建郷山《たてごうやま》への分岐をすぎると**田床《たとこ》峠**で、さらに小さな上り下りを繰り返すと**観音越《かんのんごし》**に着く。尺岳まで残り約4キロとなる。**田代《たしろ》分れ**を経てかえで峠を越え、樹林帯から抜け出ると広場のある尺岳平に着く。**尺岳**山頂へはわずかの距離である。山頂には祠があり、北西側は絶壁で展望がよい。

竜王峡《りゅうおうきょう》への下山ルートは数箇所あるが、**山瀬越《やませごし》**まで進んで渓谷沿いに下るルートを選ぶ。最初はガレ場で途中から水流沿いになり、林道に出ると竜王峡は近い。**竜王峡**からは**道目木《どうめき》バス停**へ。

（文＋写真＝内田益充）

尺岳山頂で憩う登山者

竜王峡の渓谷にかかる滝

CHECK POINT

登山口となるケーブルカー山麓駅には、駐車場とトイレがある

八合目の皿倉平まで車の乗入れ可能。山頂へは徒歩またはスロープカーに乗り換える

市ノ瀬峠から指導標に沿って九州自然歩道に入る。展望のない樹林帯の稜線となる

樹林帯を抜け出すと、広場になっている尺岳平に着く。山頂まであとひと息

山瀬越は十字路になっていて、竜王峡と鱒渕ダム方面への分岐となっている

尺岳登山口の竜王峡。夏休み期間中になるとキャンプ場が開設される

尺岳山頂からは北西の金剛山方面の展望がよい

ススキが揺れる福智山山頂付近

08

鱒淵ダムから滝めぐりと尾根歩きで大展望の山頂へ、下山は自然歩道の周回路

福智山①

ふくちやま
901m

日帰り

歩行時間＝5時間10分
歩行距離＝12・4km

技術度 体力度

縦走コース2

コース定数＝24

標高差＝746m

累積標高差 ↗1035m ↘1035m

北九州国定公園の中核は平尾台《ひらおだい》とこの福智山。皿倉山《さらくらやま》から尺岳《しゃくだけ》、本峰、牛斬山《うしきりやま》、香春岳《かわらだけ》と南北に続く長い縦走路をもつ、福智山地の最高峰で主峰、人気の山だ。

数ある福智山への登山コースのうち、北九州市小倉南区にある鱒《ます》淵《ぶち》ダムからの周回コースは、福智山の魅力を堪能できる名コース。

一方、皿倉山から福智山、牛斬山へと縦走する場合、山瀬越《やませごし》から福智山の間は、福智山縦走の2番目の区間になる。ここでは、山瀬越より福智山寄りの豊前越《ぶぜんごえ》で縦走路に合流することにする。

車利用を前提に、**鱒淵ダム**の堰堤前をスタートして対岸に渡り、ウオーキングやジョギングを楽しむ人といっしょにダム周回道路を進み、赤い吊橋の前を行く。ダムが狭まった最奥に**登山口**の標識があり、渓流沿いを進む。

七重の滝入口橋をすぎると、本コースの圧巻の滝めぐりがはじまる。一の滝から最大の七の滝まで続く。この間、滝横の急坂をクサリなどで越える。ここをすぎて対岸に渡ると、緩やかな道に変わり**山瀬**に着く。直進すれば山瀬越だが、近道の左の道をとる。

ガレ場の急坂を抜けると、縦走路の**豊前越**に出る。右（北）に進むと山瀬越へは約40分、ここでは左（南）へ進む。自然林の中の緩やかなアップダウンを繰り返すと、**烏落**《からすおち》の十字路に出る。直進すると無人の山小屋荒宿荘《こうじゅくそう》が現れる。バイオトイレ施設や水場もあるので、縦走する場合の拠点になる。

先に進むとすぐに二俣の道となるが、左が近道。すぐにススキやササ原に巨岩が現れ、**福智山**山頂に達する。さすが名峰、北部九州

■鉄道・バス
往路・復路＝JR小倉駅前から中谷営業所へ。ここからコミュニティバスで道原か頂吉まで10〜12分、平日のみ運行、1日4便。道原から徒歩40分。

■マイカー
九州自動車道小倉南ICから県道258号を南下、約6㌔、15分で鱒淵ダム堰堤横へ。ダム下の公園とダム上流にトイレ付きの駐車場あり。

■登山適期
春の花やヤマザクラ、ヤマツツジ、ヤマボウシの咲く4月〜6月、秋のススキのころの9月〜10月がいい。烏落からホッテ谷新道を下れば、自然歩道合流地点まで45分。

■アドバイス
▽烏落上部に山小屋荒宿荘（無人）がある。問合せは筑豊山の会・加藤博史氏（verde0706@mocha.ocn.

七重の滝

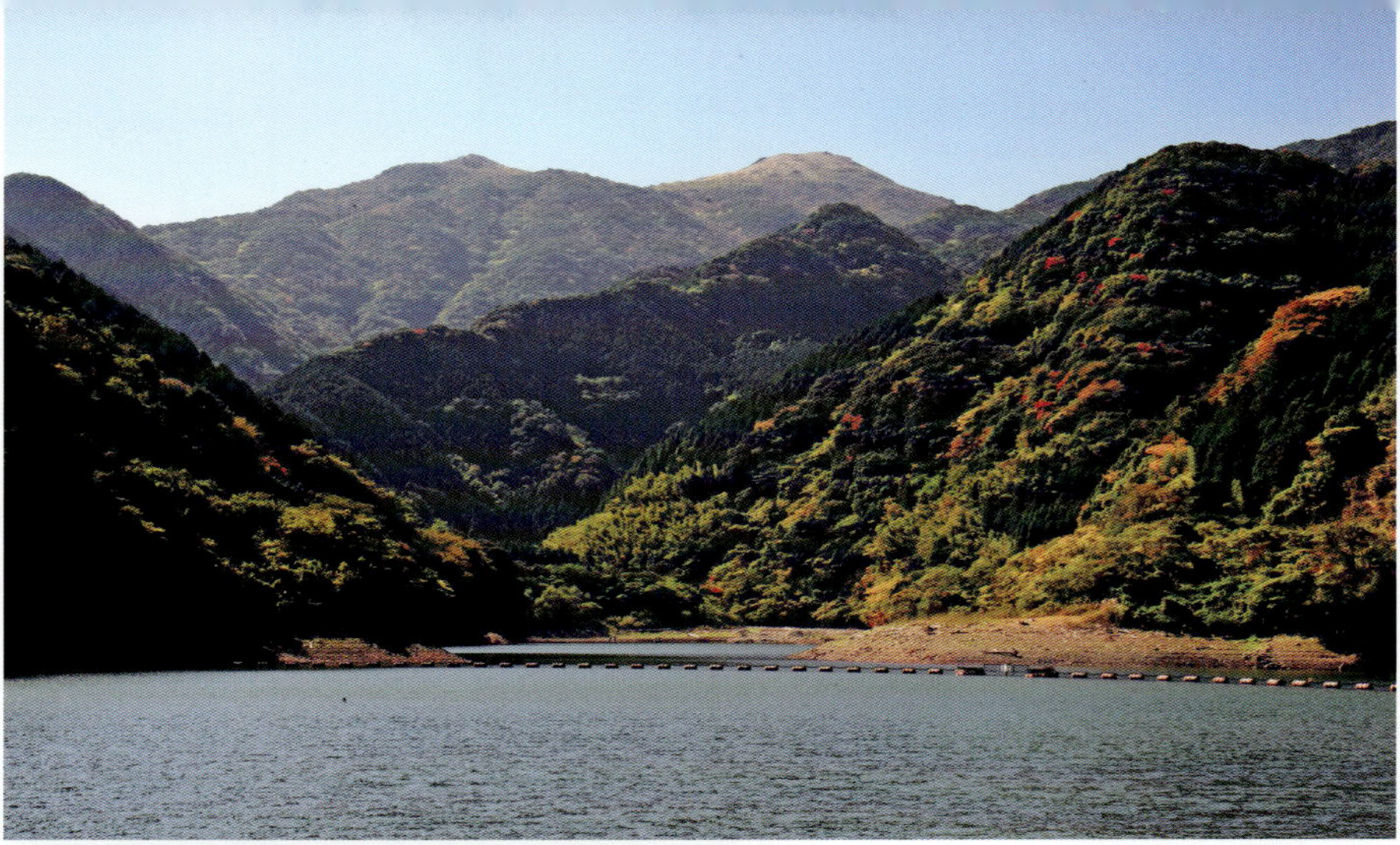

鱒淵ダムから福智山を望む

福智山眼下の登山道

の山々が見わたせ、周防灘《すおうなだ》、関《かん》門《もん》海峡、響灘《ひびきなだ》が眼下に広がっている。

下山路は鈴《すず》ヶ岩屋《いわや》の横を東に進んで自然林に入るのだが、鈴ヶ岩屋は福智山の展望台なので立ち寄るとよい。分岐から往復10分ほどだ。

戻った下山路は、すべりやすいところや石屑の多いところなどがある。足もとに気をつけて下ると、左から**ホッテ谷の道を合わせ**てスギ林に入り、作業道からダム周回道路の**登山口**に出る。右の道を進み、赤い吊橋を渡って往路に合流し、堰堤を渡ると**鱒淵ダム**に戻る。あとは駐車場のあるダム下とダム横に戻ることになる。

（文＋写真＝五十嵐 賢）

ne.jp）へ。水場、バイオトイレがあり、縦走コースの拠点。

▽本コースでは縦走路の山瀬越～豊前越間は省略したが、福智山③のアドバイスにある、雲取山から山瀬越をとれば、縦走路は切れ目なくつながる。

■問合せ先

北九州市コールセンター☎093・582・4894、ひまわりタクシー☎093・452・0302、西鉄お客さまセンター☎0570・00・1010

■2万5000分ノ1地形図

徳力・金田

CHECK POINT

1

赤い吊橋は往路では渡らず、前を直進する

2

縦走路の豊前越

3

すぐ横に水場もトイレもある山小屋荒宿荘

4

ダム周回道路に出たら右へ進み、赤い橋を渡って起点に戻る

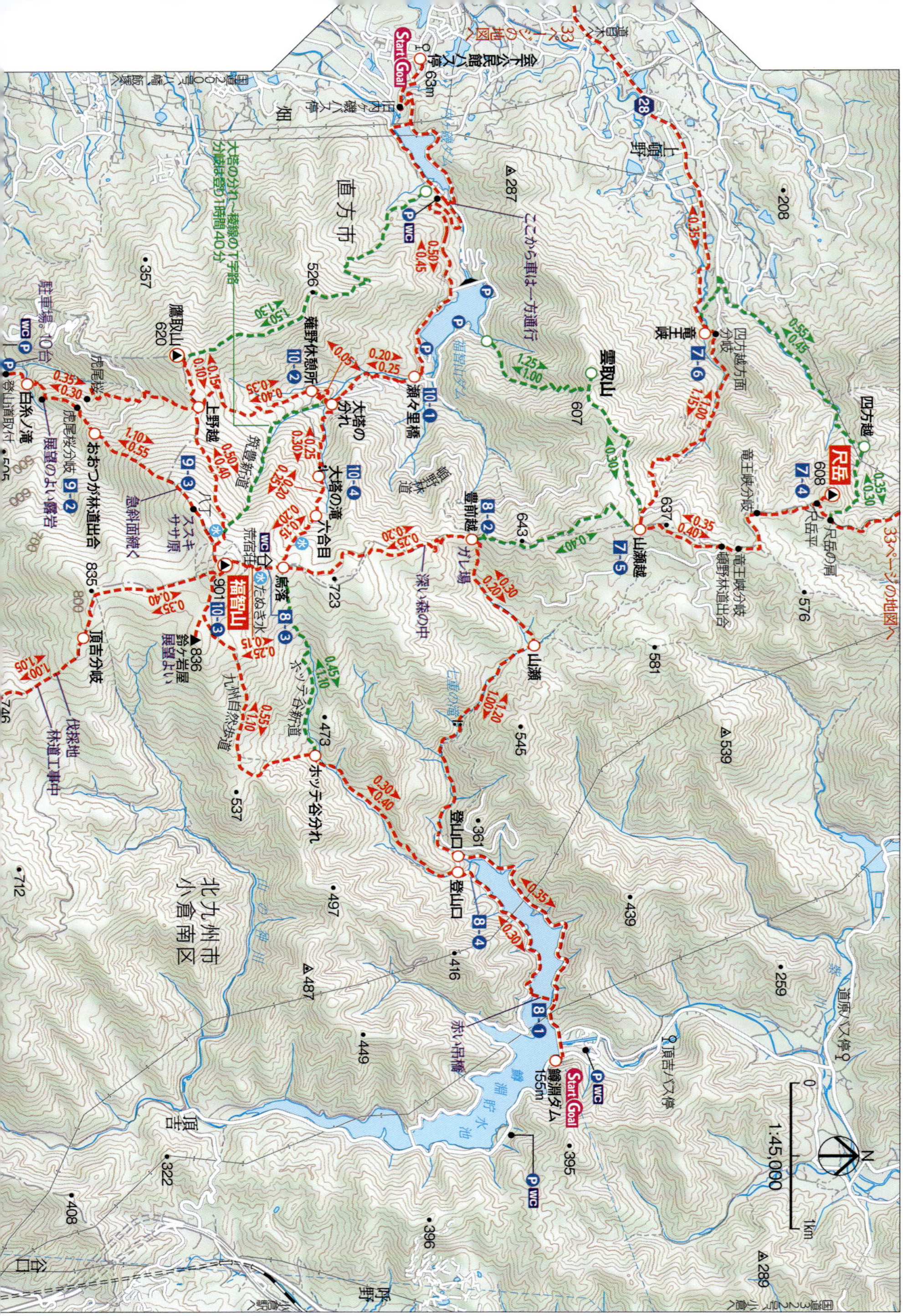

福智山
尺岳
鷹取山
雲取山
金剛山
直方市
北九州市小倉南区
鱒淵ダム 155m
金剛公民館バス停 63m
頂吉バス停
道原バス停
頂吉分岐
白糸ノ滝
上野越
八丁
荒宿荘
鳥落
大塔の分れ
大塔の滝
六合目
雉野休憩所
瀬々里橋
豊前越
ガレ場
山瀬
山瀬越
竜王峡
四方越
ホッテ谷分れ
ホッテ谷新道
九州自然歩道
登山口
赤い吊橋
鱒淵貯水池
ここから車は一方通行
大塔の分れ〜稜線のT字路 分岐は登り1時間40分
筑豊新道
急斜面続く
ススキ ササ原
展望のよい露岩
虎尾桜
駐車場 10台
おおつが林道出合
深い森の中
伐採地 林道工事中
鈴ヶ岩屋 展望よい
たぬき水
33ページの地図へ
1:45,000
1km

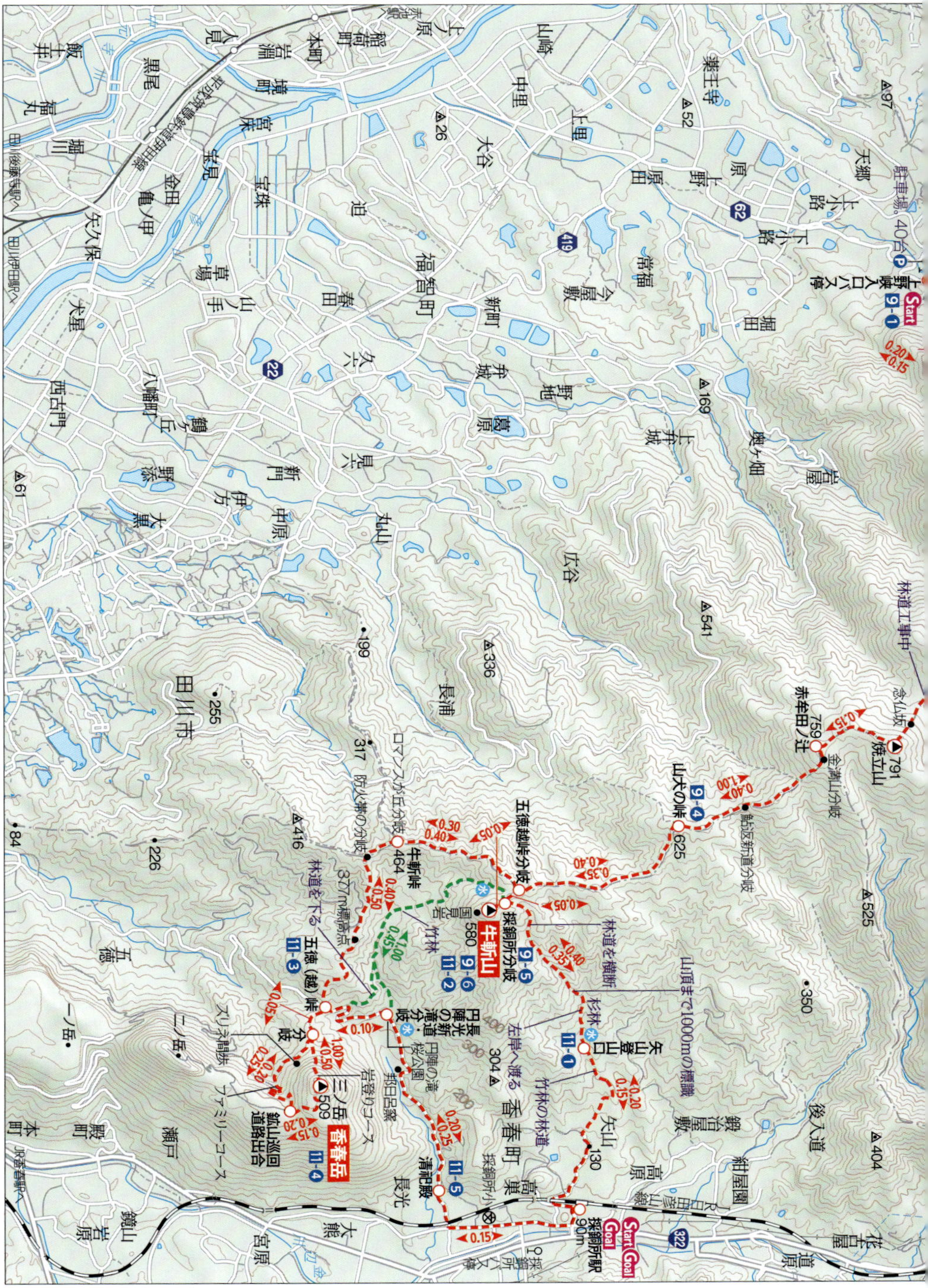

福智山
牛斬山
香春岳
採銅所駅
90m
Start
Goal
上野峡入口バス停
駐車場40台
赤牟田ノ辻
759
焼立山
791
山犬ノ峠
625
五徳越峠分岐
採銅所分岐
牛斬峠
464
580
五徳（越）峠
三ノ岳
509
鉱山巡回道路出合
清祀殿
矢山登山口
林道工事中
林道を横断
林道を下る
杉林
竹林
竹林の林道
山頂まで1000mの標識
田川市
香春町
福智町
採銅所小

福智山山頂から念仏坂を越えて牛斬山へと続く稜線

09

起伏に富む防火帯の稜線を大縦走
福智山②・牛斬山①

日帰り

歩行時間＝6時間15分
歩行距離＝11.6km

技術度
体力度

ふくちやま　901m
うしきりやま　580m

縦走コース3

コース定数＝26
標高差＝736m
累積標高差　1062m　1137m

福智山は山頂からの大展望に加え、山麓に滝や渓谷が多く、いずれの登山コースもおもしろい。縦走コースも特徴があり、皿倉山《さらくらやま》から福智山までは樹林帯の中を歩くが、福智山を境に牛斬山へは開放的な防火帯が続き、この変化が大きな魅力となっている。皿倉山から牛斬山までの全山縦走は延々30キロとなり、日帰り縦走は相当の健脚者でないと困難である。ここでは上野峡《あがのきょう》から福智山を経て牛斬山へいたる、縦走コースを紹介する。

上野峡入口バス停から白糸《しらいと》ノ滝《たき》へ続く車道を歩く。車道の終点から登山道に取り付くと落差25メートルの**白糸ノ滝**が現れる。登山道は滝の左側に祀られている不動明王の前を抜けていく。展望のよい露岩や虎《とら》尾《お》桜《ざくら》への分岐をすぎ、**おおつが林道**を横断するとますます傾斜が急になる。胸突き八丁の急斜面が続いたあと、傾斜が緩やかになると樹林帯から抜け出し、草原状の八丁《はっちょう》に出る。ここからはササ原の中を縫う登山道をたどって**福智山山頂**へ。

山頂は360度の大展望で、進行方向の縦走路に目を向けると遠景に英彦山《ひこさん》、鷹《たか》ノ巣山《すやま》、犬《いぬ》ヶ岳《たけ》などの山々が望まれる。この先は歩行時間が長いので、適度に休憩したら牛斬山を目指そう。

頂吉《かぐめよし》分岐をすぎると、いったん大きく下って徐々に登りとなる。念仏坂《ねんぶつざか》ともいわれる縦走路いちばんの急斜面を登りきると、3

落差25メートルの白糸ノ滝

■鉄道・バス
往路＝平成筑豊鉄道赤池駅前から上野・市場コースの福祉バスに乗車し、上野峡入口で下車。所要30分。福祉バスは年末年始・ゴールデンウィーク・お盆など運休があるので要確認。復路＝JR採銅所駅（無人駅）までは徒歩。

■マイカー
駐車場は上野峡入口バス停付近に4箇所。40台・12台・10台・6台（トイレあり）。

■登山適期
晩秋から5月中旬くらいまでが縦走に適している。夏場は防火帯の下草がのびて登山道を覆う状態になるので、牛斬山方面の縦走は避けたい。

■アドバイス
▽体力的にも手強い縦走コースなので、体調不良などで予定以上に時間を費やす可能性がある。日没時間なども考慮し、綿密な計画を立てること。ヘッドライトは持参すること。

■問合せ先
福智町まちづくり総合政策課☎0947・22・7766、香春町産業振興課☎0947・32・8406、平成筑豊鉄道☎0947・22・1000、福祉バス（福智町社会福祉協議会地域福祉課）☎0947・22・3778

■2万5000分ノ1地形図
徳力・金田

等三角点のある標高791メートルの焼《やき》立山《たてやま》（山名については、赤牟田《あかむた》ノ辻《つじ》とする文献などもあるが、国土地理院の基準点名を引用した）に着く。

焼立山から標高759メートルの赤牟田ノ辻までは近いが、縦走路から少しはずれているため、通過してしまうこともあるので注意が必要だ。**赤牟田ノ辻**から金満山《かねみつやま》の分岐をすぎ、急斜面を下って鮎返《あゆがえり》新道の分岐をすぎると、**山犬《やまいぬ》の峠**に着く。

山犬の峠からは採銅所《さいどうしょ》方面の指導標に沿って進む。これまでのような激しい起伏は少なく、**五徳越《ごとくごえ》峠《とうげ》の分岐**をすぎて**採銅所への分岐**が現れると、牛斬山の山頂は近い。**牛斬山**も展望に恵まれていて、とくに香春岳《かわらだけ》の異様な山容が目を引く。

下山は**採銅所への分岐**まで戻り、採銅所駅を目指す。スギ林の中を谷沿いに下る。途中で林道を横切って、下り続けると竹林が現れ、登山道から林道に変わり、最後は車道につながる。あとは車道を下って**JR採銅所駅**へ向かう。

（文+写真=内田益充）

山犬の峠へ続く防火帯の稜線

CHECK POINT

1 上野峡入口バス停には、トイレ、駐車場がある

2 虎尾桜への分岐。このあたりから徐々に傾斜が強くなってくる

3 樹林帯を抜け出て、草原状の八丁付近を行く。展望も開けてくる

4 山犬の峠に着くと、これまでのような激しい起伏の稜線から解放される

5 牛斬山と採銅所方面への分岐。牛斬山頂へは直進して少しの距離である

6 牛斬山山頂も展望に恵まれている。とくに香春岳の山容は異様である

＊コース図は36・37ページを参照。

10

福智山③

福智山ダムを基点とした西側からの周回コースを楽しもう

日帰り

ふくちやま
901m

歩行時間＝5時間35分
歩行距離＝11・9km

技術度 ▲▲
体力度 ♥♥

コース定数	＝**24**
標高差	＝830m
累積標高差	↗1079m ↘1079m

直方市街遠賀川から見た福智山

福智山山頂の大岩から遠くに皿倉山を望む

福智山は東側の鱒淵《ますぶち》ダム、南西にある上野峡《あがのきょう》、西側の福智山ダムから多くの登山コースがある。いずれのコースも周回ができ、しかも滝や渓谷を通る道を選べるという好条件を備えているが、ここでは西側から周回コースで歩いてみよう。

会下《えげ》公民館バス停から旧内ヶ磯《うちそ》バス停を経て、内ヶ磯ダム、福智山ダムの南岸を行く。ダム管理施設の先に駐車場があり、車の場合にはここから歩きはじめる。すぐ先の**瀬々里《ぜぜり》橋**の手前から登山道に入り、渓谷を渡る。右岸沿いの登山道は、4度目の林道に出合ったところが**大塔《おおとう》の分れ**で、直進すれば大塔の滝から烏落《からすおち》への登山道だが、右の林道を進むとすぐ先の橋で2つの沢が合流している。たもとに筑豊新道の登山口がある。

さらに林道を5分ほど歩くと**薙《なぎ》野《の》休憩所**で、ここで林道をはなれてヒノキ林の山腹を進む。やがて稜線の十字路、**上野越**に出る。西(右)へ進めば展望のいい**鷹取山《たかとりやま》**で、往復25分ほど。「黒田節」で有名な母里太平衛の居城跡だ。

■**鉄道・バス**
往路・復路＝直方市コミュニティバス上頓野線で会下公民館バス停へ。所要27分。

■**マイカー**
九州自動車道八幡ICから国道200号を南下、三本松で左折県道28号へ。あとは市道で内ヶ磯へ。9・2キロ。

■**登山適期**
4月のヤマザクラの季節、6月のヤマツツジやヤマボウシの季節、10月のススキのころがベスト3。

■**アドバイス**
▽大塔の分れから右へ林道を進み、すぐ先の橋の手前から筑豊新道が福智山山頂下T字路付近にのびている。いいコースだが標識が少なく、大塔の滝コースに比べて傾斜が急なため、中級者コースとしている（大塔の分れからT字路分岐まで登り1時間40分）。
▽福智山ダム堰堤先から雲取山への道がある。稜線を東に進めば林道に出て、これを進むと縦走路の山瀬越に出る。尺岳や福智山へ通じている(雲取山まで1時間25分、さらに山瀬越まで30分、縦走路を南へ進むと1時間30分ほどで福智山)。
▽鷹取山から内ヶ磯ダム南岸の鳥野神社への道がある。途中は照葉樹のすばらしい尾根歩きだが、尾根をはずれて左折後の杉林内の道がやや荒

↑福智山山頂から八丁のピークを望む
←福智山山頂一帯のヤマツツジ

れている（下山1時間30分ほど）。

上野越から山腹の道は、深いカシの森から落葉樹の混じる林へ変わる。水場をすぎるとT字路に突き当たる。左右いずれでもいいが、右折して進むと美しいササ原が現れ、**福智山**山頂に達する。石祠の前からの展望が大きい。

下山は北へのびる縦走路を下ると、T字路から来た道を合わせる。水場と山小屋をすぎ、さらに下ると**烏落**の広場に出る。縦走路と分かれて左へ下る。水流が現れ、水場をすぎ**六合目**で左岸へ渡る。次々に滝が現れ、最大の**大塔の滝**を見る。そのまま下るとやがて**大塔の分れ**に戻る。あとは来た道を**会下公民館バス停**へと向かえばよい。

（文＋写真＝五十嵐 賢）

■問合わせ先
直方市役所☎0949・25・2000、西鉄お客さまセンター☎0570・00・1010

■2万5000分ノ1地形図
徳力・金田

CHECK POINT

1 瀬々里橋の横に登山道がある。渓流を渡り右岸を進む

2 大塔の分れから林道を300メートル進むとりっぱな薙野休憩所がある

3 福智山山頂は草原に巨岩が点在し、広く展望がよい

4 このコースいちばんの大塔ノ滝までくると大塔の分れは近い

＊コース図は36・37ページを参照。

11

福智山地の南端の二山の周回

牛斬山②・香春岳

日帰り

歩行時間＝4時間55分
歩行距離＝10・6㎞

技術度 体力度

うしきりやま 580m
かわらだけ 509m

縦走コース4

コース定数＝21
標高差＝490m
累積標高差 788m 788m

岩登りコースから見た牛斬山と縦走コースの稜線

国見岩からの眺め

その独特の山容から筑豊地方のシンボルとして炭坑節に唄われ、小説『青春の門』の冒頭で紹介されているのが香春岳、その背後のこぶ状の突起が牛斬山だ。

JR日田彦山線で小倉駅から南に向かい、金辺《きべ》峠をトンネルで抜けた筑豊地方最初の駅である採銅《さいどう》所《しょ》駅に着く。この無人駅は皿倉山《さらくらやま》から香春岳を結ぶ福智山地の縦走コースの起着駅として便利だが、ここではこの二山を牛斬山から歩いてみよう。

JR採銅所駅の南側から踏切を渡り、矢山《ややま》集落への道を緩やかに登る。**矢山登山口**を経て橋を渡ると堰堤に達し、沢を渡れば登山道となる。登山道は沢沿い、杉の植林地の中の一本道。上部で左の沢に沿って林道を横切り、植林地を抜けると**採銅所分岐**の十字路に出る。左へ5分で広場になっている**牛斬山**山頂。少し下った国見岩から眼前に香春岳、遠景に英彦山《ひこさん》山地が望まれる。

採銅所分岐まで戻り、そのまま直進して縦走路を左折、展望のいい防火帯の道が緩やかに下ってい

■鉄道・バス
往路・復路＝JR小倉駅から約40分で採銅所駅。小倉駅バスセンターから西鉄バス約1時間で採銅所バス停。

■マイカー
九州自動車道小倉南ICから国道322号を南下、16㌔、35分でJR採銅所駅。福岡ICから国道201号（八木山バイパス経由）、322号経由、44㌔、1時間30分で採銅所駅。香春岳登山口の五徳峠近くの円陣の滝桜公園付近に駐車スペースがある。

■登山適期
夏季以外はいつでも可。

■アドバイス
▽標識はあるが香春岳三ノ岳、一ノ岳へは登山禁止。
▽牛斬山手前の採銅所分岐の十字路から円陣の滝を経由して、五徳越峠近くの円陣の滝桜公園へのよく整備された道がある（登り1時間、下り45分）。マイカー利用の場合には円陣の滝桜公園からの周回がいい。
▽香春町柿下にラドン含有量の高い柿下温泉がある（休業中／☎0947・32・5551）。
▽香春町には多くの文学碑があり、なかでも役場近くの金辺川沿いは山頭火遊歩道として整備されている。種田山頭火はよくこの地を訪れた。「振り返れば香春がある」などの10の句碑がある。

■問合わせ先

CHECK POINT

1 矢山集落から林道となり沢を渡ると登山道になる

2 牛斬山山頂は広場になっていて、岩のベンチがある。展望は少し先の国見岩がよい

3 五徳峠。5分ほど登ると岩登りコースとファミリーコースに分かれる

4 香春岳（三ノ岳）山頂から竜ヶ鼻、平尾台の展望が得られる

5 五徳（越）峠の車道を右折して下ると清祀殿の先で踏切を左折、採銅所駅に戻る

＊コース図は36・37㌻を参照。

く。**牛斬峠**の十字路で左折。さらに次の二俣の防火帯の道も左折すると、前方に三角錐の香春岳（三ノ岳）が見えてきて、**五徳（越）峠**の車道に出る。香春岳へは直進。すぐに岩登りコースとファミリーコースの**分岐**に出る。周回コースをとるなら岩登りコースから、不安があるならファミリーコースの往復がいいだろう。岩登りコースは手がかりが多いが、上部に行くにつれ傾斜がきつく、子供連れには危険。頂上台地に出たら、露出した石灰岩の上を進む。岩から下りると**香春岳**（三ノ岳）の山頂広場に出る。北東側の展望がよい。

下山はファミリーコースをとり、ササやぶから灌木の道を下ると**鉱山会社の巡回道路**に出る。これを右にしばらく下り、右の植林地の中の登山道に入る。坑道跡のズリネ間歩《まぶ》の標識を見て**分岐**に戻り、**五徳（越）峠**の車道を右折。邦日《くにひ》呂窯《ろがま》、**清祀殿**《せいしでん》をすぎて踏切を渡って左折する。しばらく歩くと**採銅所駅**に戻り着く。

（文＋写真＝五十嵐 賢）

炭坑節発祥の田川市石炭歴史博物館から香春岳

岩登りコース地点から見た三ノ岳

下山途中にあるズリネ間歩（坑道）

香春町役場産業振興課☎0947・32・8406、西鉄バスお客さまセンター☎0570・00・1010

■2万5000分ノ1地形図

金田

12

なだらかな縦走路を堪能、グリーンピアなかがわを起点にして周回

九千部山

くせんぶさん
848m

日帰り

歩行時間＝4時間40分
歩行距離＝12・0km

技術度

体力度

コース定数＝**21**

標高差＝568m

累積標高差 858m 858m

九千部山全容

福岡市街から南を眺めると、男性的な山容で円筒状のドームがある脊振山《せふりさん》、すぐ東に数本のアンテナが見える九千部山が、あたかも夫婦のように並んでいる。一方、筑後地方の小郡市や久留米市から眺めると、北側がやや高い台形状の山が九千部山だ。

福岡市の南、那珂川市《なかがわし》南畑《みなみはた》ダム上流のグリーンピアなかがわから周回コースがあり、これに森林浴の尾根歩きを加えて石谷山《いしたにやま》まで往復してみよう。

南畑ダム上流にある駐車場から歩きはじめる。橋を渡り、グリーンピアなかがわのゲート前の桜谷遊歩道を登る。谷沿いの階段を登ると園内の**車道**に出て、すぐ上で登山道に入り、谷を渡る。登山道はスギの美林が続き、支流の**木橋**を渡ると自然林に入る。流れはしだいに細くなり、いくつもの炭焼き釜跡を見て、四本杉付近からはさわやかな落葉樹の林になる。**標識のある尾根**に出るとアカガシの森からシロモジ、リョウブなどの中をすぎ、車道に出る。右折後すぐに左に登ると、無線中継施設の背後に展望台があり、すぐ先が**九千部山**山頂広場だ。

石谷山への縦走路は九州自然歩道になっていて、車道の最奥のRKBのアンテナの横の山頂標識からはじまる。しだいに平坦な道になり、下山に使う**うるしが谷分岐**が右に、四阿屋《あずまや》分岐が左に現れる。この先、初夏にはヤマボウシやヤマツツジ、秋にはシラキの紅葉が楽しめる尾根歩き。しだいにブナ、アカガシの混じる森になり、**三領**《さんりょう》

■**鉄道・バス**
往路・復路＝公共交通を利用しての登山は難しい。マイカー利用を前提にプランを立てたい。
■**マイカー**
西鉄大橋駅から国道385号を南畑ダム上流駐車場へ18㌔、40分。
■**登山適期**
ヤマボウシ、ヤマツツジの6月上旬と10月下旬～11月中旬の紅葉の季節。
■**アドバイス**
▽筑紫野市平等寺バス停から柿ノ原峠に出て、自然歩道コースを歩く（バス利用往復登山）。
▽三領境（堺）峠から七曲峠、坂本峠を経由して脊振山への縦走路がのびている。
▽うるしが谷遊歩道は谷とあるが尾根道。
▽平成30年3月に登山口から2㌔ほど上流に県内最大の五ケ山ダムが完成。那珂川市では南畑・五ケ山両ダム一帯を五ケ山クロスというアウトドアの聖地として有効活用している。その拠点が展望デッキとアウトドアショップ・モンベルがあるベース。ダム直下のリバーパーク、近くにモンベルが運営する五ケ山ベースキャンプ、そしてグリーンピアなかがわにバンガローサイトと花園のあるスキップ広場がある。
■**問合せ先**
那珂川市役所☎092・953・2

CHECK POINT

桜谷遊歩道はゲートの手前から渓流に沿って歩きはじめる

九千部山頂は広場にりっぱな標識と石祠、背後に展望台がある

三領境（堺）から石谷山は近い。右へ下れば七曲峠へ

下山路に現れる展望台の前には628.2メートルの三角点がある

縦走路のシラキの紅葉

境《さかい》（堺）峠で自然歩道と分かれ、左のアカガシの純林の中を行くと森の中の**石谷山**に達する。

下山は**うるしが谷分岐**に戻り、これを下る。シロモジ、リョウブの多い道は**林道と交差**し、先で何度も林道に寸断されている。右側にある登山道の入口を見落とさないようにしたい。登山道に入ってしばらく下ると、左上に**展望台**が現れる。照葉樹の暗い森から右に下る。グリーンピアなかがわの車道に出たら、イノシシの侵入防止のゲートを開けて園内に入り、スキップ広場に出る。あとは車道を下って**南畑ダム上流駐車場**に戻る。

（文＋写真＝五十嵐 賢）

211、五ケ山クロス・リバーパーク（那珂川市地域づくり課）☎092・408・8729、五ケ山ベースキャンプ☎092・408・1711、グリーンピアなかがわ（バンガローサイトとスキップ広場）☎092・953・3373（11～3月および毎水・木曜休園）

■2万5000分ノ1地形図

中原・不入道

13

沢沿いの森林浴とミツバツツジ咲く縦走路を楽しむ

脊振山

せふりさん
1055m

日帰り

歩行時間＝5時間50分
歩行距離＝16.9km

技術度

体力度

縦走コース1

コース定数＝28

標高差＝865m

累積標高差 1166m 1168m

福岡・佐賀の県境を、東西に60キロ超走る脊振山地の最高峰が脊振山だ。この山域の縦走路は九州一の距離を誇る。山頂には弁財天が祀られ、古くは山岳信仰が盛んで「脊振千坊」とよばれていた。福岡市街からの山容はレーダードームを冠した美しいピラミッド形が特徴的だ。山名の由来は栄西禅師がもたらした茶樹が、採っても採っても天から降ってくるが如く生えてくるので「茶降山《さふりやま》」と名付けた、など諸説ある。今回は往路を車谷《くるまだに》コース、帰路に椎原《しいば》峠コースを歩き、四季折々の季節感を楽しもう。

椎原バス停から約3キロで**車谷登山口**だ。標識から左の登山道に入る。沢の音を聞きながら人工林と自然林帯が繰り返す中、ゆったり登ると**林道に出る**。左折して、橋の先で再び右の登山道に入る。浮石が多く、徒渉も繰り返すので足もとには要注意だが、ここからが四季の自然を楽しめる。ロープを使って最後の急斜面を登りきったところが**矢筈《やはず》峠**だ。

右に帰路の椎原峠、正面に神埼《かんざき》市田中への標識を見て、左へ車道を進む。県道を横切り、木の吊橋を渡るとキャンプ場に出る。上の

マイナスイオンに満たされる車谷コース

唐人の舞付近から金山遠望

■鉄道・バス

往路・復路＝福岡市天神方面から西鉄バスに乗り、早良営業所で椎原行きに乗り換え、終点下車。先の標識から林道をたどる。ただし、便数が少ないので事前調査が必要。

■マイカー

バス停から登山口まで距離があるので、マイカー利用が多い。福岡市早良区の大門交差点から、県道136号に入り、椎原バス停先で林道に入る。ただし、林道は狭く、充分な注意が必要だ。駐車は途中に5～6台、車谷および椎原登山口に各10台ほど可能。

■登山適期

登山道が新緑とミツバツツジで埋まる5月連休前後が最高。また空気が澄む中での展望や紅葉に彩られる車谷の秋も魅力的だ。

■アドバイス

▽往路も復路も沢沿いで、水の心配はない。ただし、車谷は何度も徒渉するので、水量には気をつけよう。

▽椎原峠から縦走路を直進すれば、20分で展望がよい鬼ヶ鼻岩にいたる。

■問合せ先

福岡市役所☎092・711・4111、西鉄お客さまセンター☎0570・00・1010

■2万5000分に1地形図

脊振山

駐車場をかすめ、自衛隊施設の正門前から、長い石段を登れば**脊振山**山頂だ。脊振神社上宮が祀られ、巨大ドームに一部視界をさえぎられるが、大展望が広がっている。

下山は**矢筈峠**まで戻り、さらに車道を進み、先の標識から登路に入る。これから椎原峠まで緩く下る縦走路は、4月下旬ごろはミツバツツジと新緑が疲れをいやしてくれる。途中で**唐人《とうじん》の舞《まい》**の巨岩に立つと、北に福岡市街から玄界灘が一望できる。

椎原峠で進路を右にとる。沢沿いの樹林帯を下り、開けた小木の植林帯で**林道を横断**する。すぐ下のメタセコイヤの美林を抜けると、やがて椎原登山口だ。さらに舗装車道を5分で**車谷登山口**に戻る。

（文＋写真＝日野和道）

↑福岡市早良区から望む脊振山

←コバノミツバツツジ咲く縦走路を歩く

CHECK POINT

1 徒渉を繰り返す車谷コースでは四季の自然を満喫できる

2 新緑・紅葉が美しいキャンプ場へつながる遊歩道

3 脊振神社上宮の先が山頂。奥には巨大なレーダードームが建つ

4 唐人の舞近くのササ原から福岡市街を見下ろす

5 椎原峠は脊振山地縦走の要の分岐

6 清々しい気分に包まれるメタセコイアの美林

＊コース図は48・49ページを参照。

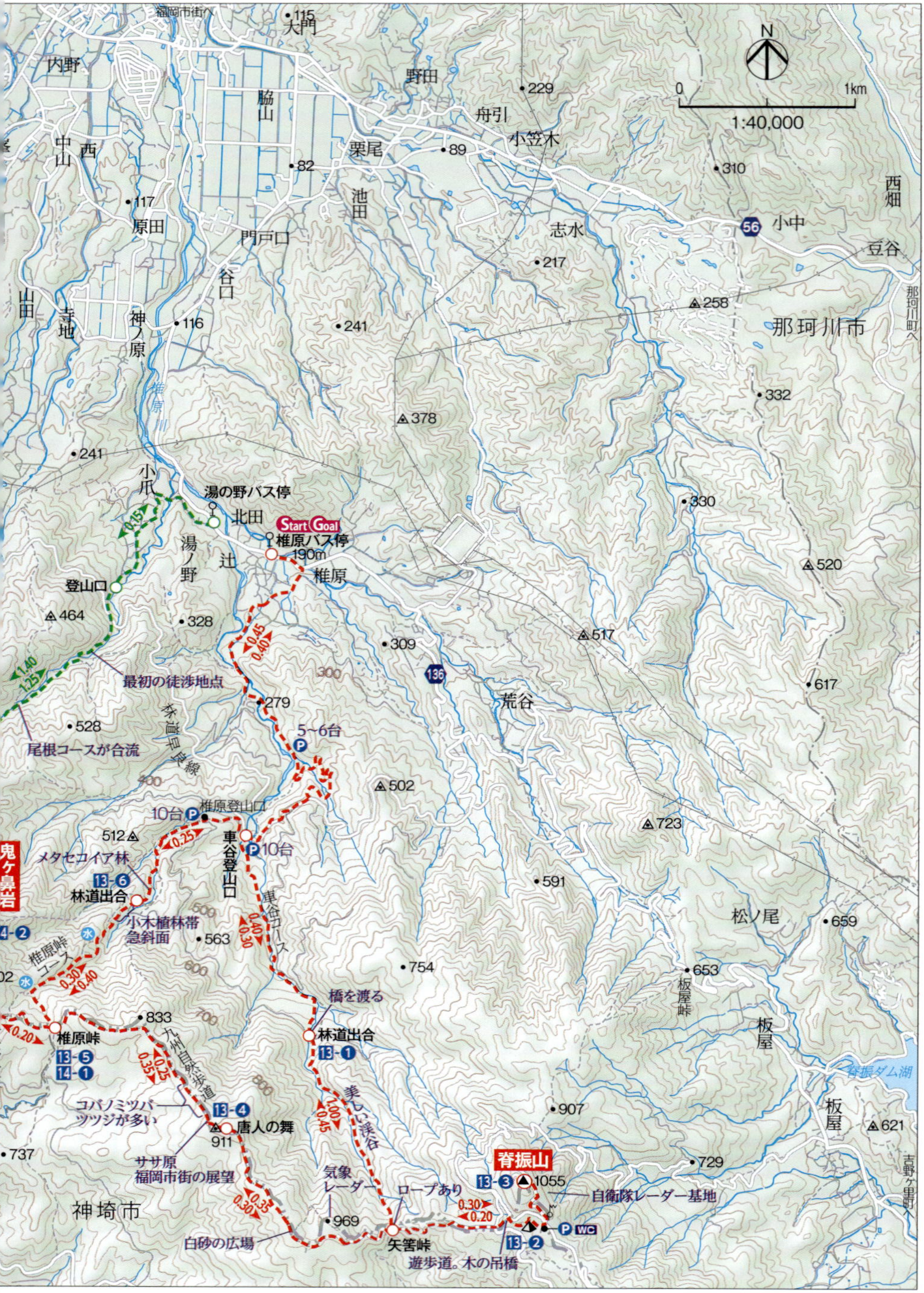

N
0
1km
1:40,000
福岡市街へ
115
大門
内野
野田
229
脇山
舟引
小笠木
中山
西
栗尾
89
82
310
西畑
117
原田
池田
門戸口
志水
56
小中
豆谷
217
谷口
258
山田
寺地
神ノ原
116
241
那珂川町へ
那珂川市
椎原川
332
378
241
小爪
湯の野バス停
北田
330
Start Goal
椎原バス停
190m
湯ノ野
辻
椎原
520
登山口
464
328
0.45
0.40
309
517
1.40
1.25
最初の徒渉地点
300
136
617
279
荒谷
528
林道早良線
5~6台
尾根コース合流
502
400
椎原登山口
10台
723
512
0.25
車谷登山口
10台
鬼ヶ鼻岩
メタセコイア林
591
13-6
林道出合
車谷コース
松ノ尾
659
小木植林帯
急斜面
500
563
4-2
0.40
0.30
椎原峠コース
600
754
653
0.30
0.40
板屋峠
橋を渡る
833
700
林道出合
板屋
0.20
椎原峠
13-1
13-5
14-1
0.25
0.35
九州自然歩道
脊振ダム湖
800
コバノミツバツツジが多い
13-4
1.00
0.45
美しい渓谷
907
板屋
621
唐人の舞
911
737
脊振山
729
吉野ヶ里町へ
サザ原
福岡市街の展望
気象レーダー
13-3
1055
ロープあり
0.30
自衛隊レーダー基地
神埼市
0.35
0.30
0.20
969
白砂の広場
矢筈峠
13-2
WC
遊歩道。木の吊橋

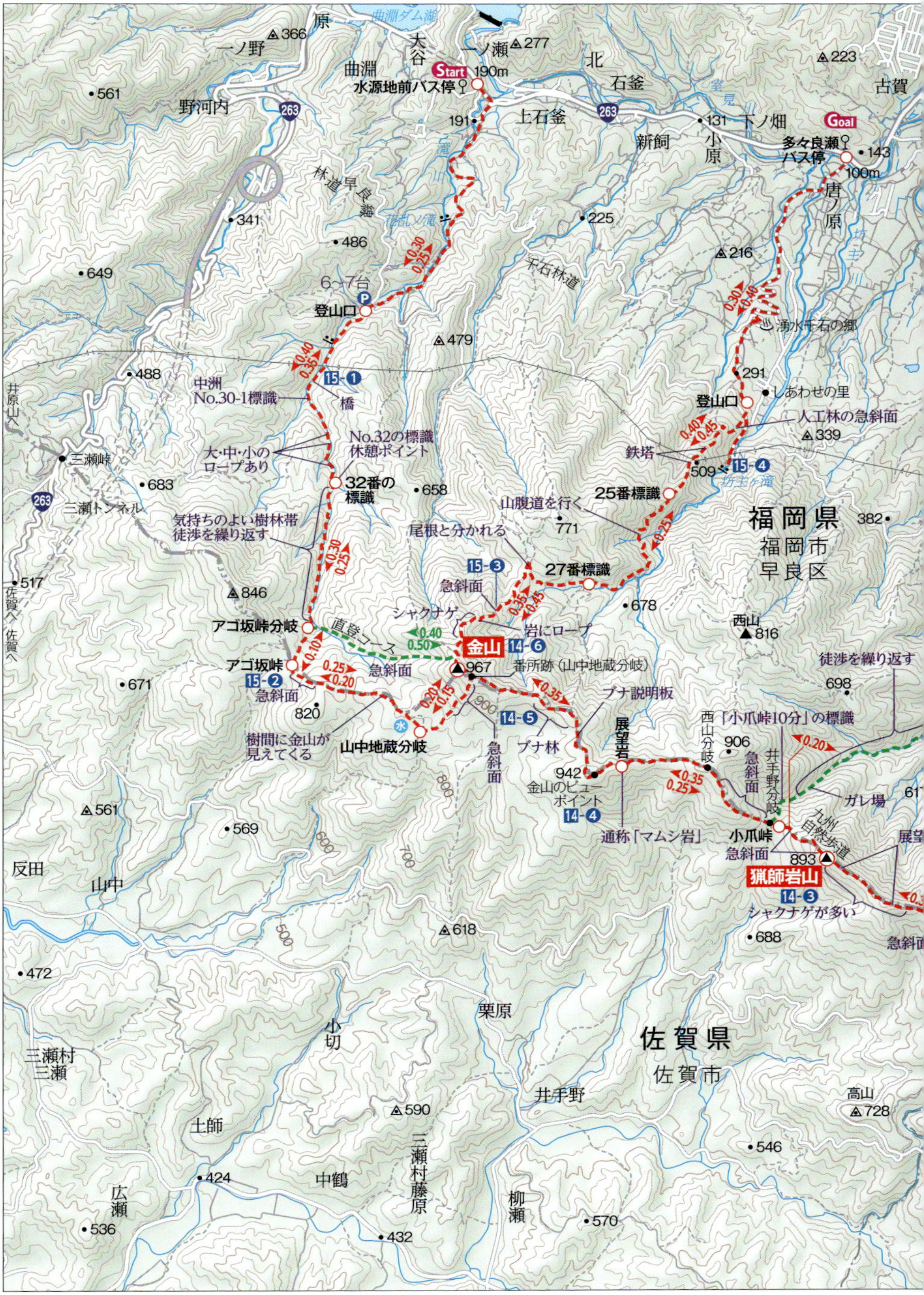
Start
水源地前バス停
190m
Goal
多々良瀬バス停
100m
登山口
中洲No.30-1標識
大・中・小のロープあり
No.32の標識休憩ポイント
32番の標識
気持ちのよい樹林帯徒渉を繰り返す
アゴ坂峠分岐
アゴ坂峠
直登コース
急斜面
金山
967
番所跡（山中地蔵分岐）
山中地蔵分岐
樹間に金山が見えてくる
ブナ説明板
ブナ林
展望岩
942
金山のビューポイント
通称「マムシ岩」
27番標識
25番標識
山腹道を行く
尾根と分かれる
シャクナゲ
岩にロープ
鉄塔
人工林の急斜面
湧水千石の郷
しあわせの里
坊主ヶ滝
福岡県
福岡市
早良区
佐賀県
佐賀市
西山
816
「小爪峠10分」の標識
徒渉を繰り返す
ガレ場
小爪峠
猟師岩山
893
シャクナゲが多い
九州自然歩道
三瀬峠
三瀬トンネル
千石林道
林道早良線
花乱ノ滝
曲渕ダム湖

14

稜線を歩き、岩場の展望、シャクナゲ、ブナ林を満喫

鬼ヶ鼻岩・猟師岩山 金山①

おにがはないわ 840m
りょうしいわやま 893m
かなやま 967m

縦走コース2

日帰り

歩行時間＝6時間20分
歩行距離＝15・8km

技術度 ▲▲▲▲▲ 体力度 ●●●●●

コース定数＝30

標高差＝777m

累積標高差 ↗1342m ↘1432m

マムシ岩から望む縦走路（手前から猟師岩山、鬼ヶ鼻岩、脊振山）

脊振《せふり》山地の一角に、山系最大の岩頭で、その姿が鬼の鼻に見えるとして名前が付いた鬼ヶ鼻岩がある。北側が鋭く切れ落ち、大展望が広がる。さらに稜線をたどると、かつて猟師が巨岩のすき間の穴に隠れ、通りかかった獣を撃っていたことに由来する猟師岩山がある。ここでは椎原《しいば》峠から金山《かなやま》までの九州自然歩道を歩いてみよう。椎原峠までは、前項の脊振山からの続きとするか、椎原バス停から前項の逆コースで登ってくる。

椎原峠から西へ樹林帯をたどり、井手野《いでの》分岐（椎原峠西）を右に向かう。登山道はよく整備され迷うことはない。急斜面を登りつめ、分岐を右に出ると**鬼ヶ鼻岩**だ。北側に福岡市街から脊振山までの大展望が広がる。

分岐に戻り、西に向かう。岩の多い稜線をたどり、ロープを使って急斜面を登ると展望岩に出る。ここでは南北両側が望める。これから先は岩が露出した細尾根となり、5月の連休ごろはシャクナゲが楽しめる。小さな起伏を重ねると、また展望岩に出る。すぐ先が**猟師岩山**だ。木立に囲まれた狭い山頂で、3等三角点が置かれている。

2段に分かれた急斜面を下ると、鞍部の**小爪峠**《こづめ》に出る。ここで

■鉄道・バス
往路は脊振山（46ページ）、復路は金山（52ページ）を参照。

■マイカー
往路は脊振山（46ページ）、復路は金山（52ページ）を参照。

■登山適期
通年で登れるが、ミツバツツジやシロモジ、コブシ、シャクナゲが楽しめる春がベスト。冬枯れのブナ林も見のがせない。

■アドバイス
▽起点までの歩行時間を考慮して、時間の余裕を充分に確保すること。
▽小爪峠から湯の野バス停へ下るコースは、「小爪峠10分」の標識からは、何度も徒渉するが、本流筋を離れず下降すること。
▽夏場の通称マムシ岩付近には、現にマムシが散見されており要注意。
▽水は椎原峠西を10分ほど下れば確保できる。
▽国道263号開通以前の椎原峠は、筑前と肥前を結ぶ最短道路にある峠で、往来が盛んだった。また小爪峠と三瀬峠ともに、佐賀の乱の激戦地でもあった。

■問合せ先
福岡市役所☎092・711・4111、西鉄お客さまセンター☎0570・00・1010

■2万5000分ノ1地形図
浜崎

北へ下れば、湯《ゆ》の野《の》バス停にいたる。ひと息入れたら縦走路をさらに西へ。すぐの井手野分岐を見て、また2段になった急斜面に取り付く。傾斜が緩くなり、西山《にしやま》分岐をすぎると小ピークに着く。これからまた小さな起伏を重ね、登路にミヤコザサが出てくると、また**展望岩**（通称・マムシ岩）に出る。振り返ると、たどってきた縦走路を一望できる。

先へ進み、これから向かう金山が正面に見えるポイントをすぎると、すばらしいブナ林が広がる。のんびり歩けば、やがて旧佐賀藩の番所跡に着き、**金山**山頂はすぐそこだ。南側に佐賀県の山並みが広がり、晴れた日には有明海越しに普賢岳《ふげんだけ》も遠望できる。

金山からは次項で紹介する**多々《たた》良瀬《らせ》バス停**に下るか、次項の往路を逆にたどって水源地前バス停に下山する。

（文＋写真＝日野和道）

金山山頂から普賢岳を遠望

縦走路中間点の小爪峠

CHECK POINT

起点の椎原峠は脊振山系縦走の要で、鬼ヶ鼻岩を右に眺めて西へ踏み出す

山域最大の岩頭・鬼ヶ鼻岩は北側に大展望が広がる

狭い猟師岩山山頂。近くでは岩稜歩きやシャクナゲも楽しめる

通称・マムシ岩先のビューポイントから終点の金山を望む

新緑とは違った趣が楽しめる冬枯れのブナ林

金山山頂には三角点があり、南の一角から佐賀県側が望める

＊コース図は48・49ジペーを参照。

15

金山②

激しく流れ落ちる滝に鋭気といやしを求めて

かなやま 967m

日帰り

歩行時間＝4時間45分
歩行距離＝11・5km

技術度 ▲▲
体力度 ♥♥

縦走コース3

コース定数＝22

標高差＝777m

累積標高差 ↗982m ↘1072m

豪快に流れ落ちる花乱ノ滝

金山山頂から佐賀県の山々を望む

脊振《せふり》山系縦走路のほぼ中間に位置する金山は、脊振山、井原山《いはらやま》に次ぐ高峰だ。断層地形の山域は、南の佐賀県側はなだらかだが、北の福岡県側は急峻で多くの滝や深い渓谷がある。全山樹林に覆われ、尾根展望は山頂部にわずかだが、尾根筋にはすばらしいブナ林も残り、季節にはシャクナゲやミツバツツジを楽しめる。今回は往路で花乱《からん》ノ滝コース、復路で坊主《ぼうず》ヶ滝コースを歩いてみよう。

水源地前バス停手前の標識から林道をたどり、登山口へ向かう。途中、豪快に流れ落ちる花乱ノ滝に立ち寄り、鋭気を養おう。**登山口**から急斜面に取り付くが、ほどなく登路は緩くなる。小橋を渡り、谷川沿いを進むが、途中にはロープに頼る岩場もあるので注意しよう。**32番標識**あたりから徒渉が多くなるが、樹林帯歩きは気持ちい い。やがて**アゴ坂峠分岐**に着く。

直登コースは直進だが、ここは右の沢を渡る。迷いやすいので要注意。右方の支尾根に取り付き、右へまわり、小沢を越え、これをつめれば**アゴ坂峠**だ。右は三瀬峠《みつせ》へいたる。急斜面を登り、左樹間に金山が見えてくると、水場の先

■鉄道・バス
往路＝福岡市天神や博多バスターミナルから西鉄バスで早良営業所まで行き、ここで曲渕線乗合タクシー（飯倉タクシー）に乗り換え、水源地前バス停で下車。
復路＝多々良瀬バス停から曲渕線乗合タクシーで早良営業所に戻る。

■マイカー
花乱ノ滝コース登山口に6～7台駐車可能。ただし、林道滝川線は離合困難な狭路。登山口を横切る林道早良線の利用をおすすめする。一方、坊主ヶ滝登山口には駐車スペースはなく、林道の路肩駐車となりおすすめできない。

■登山適期
ミツバツツジやシャクナゲが咲く春が最高。

■アドバイス
▽登路ははっきりしているが、花乱ノ滝コースは徒渉が多く、要所の標識やテープをしっかり確認しよう。
▽水は沢沿いのコースであり、各所で補給できる。
▽坊主ヶ滝は滝行場でもあり、周囲への気配りを忘れずに。
▽千石林道、約3㌔を歩くことも可能。
▽帰途に坊主ヶ滝下方の「湧水 千石の郷」（☎092・872・4141）で汗を流すこともできる。

■問合せ先

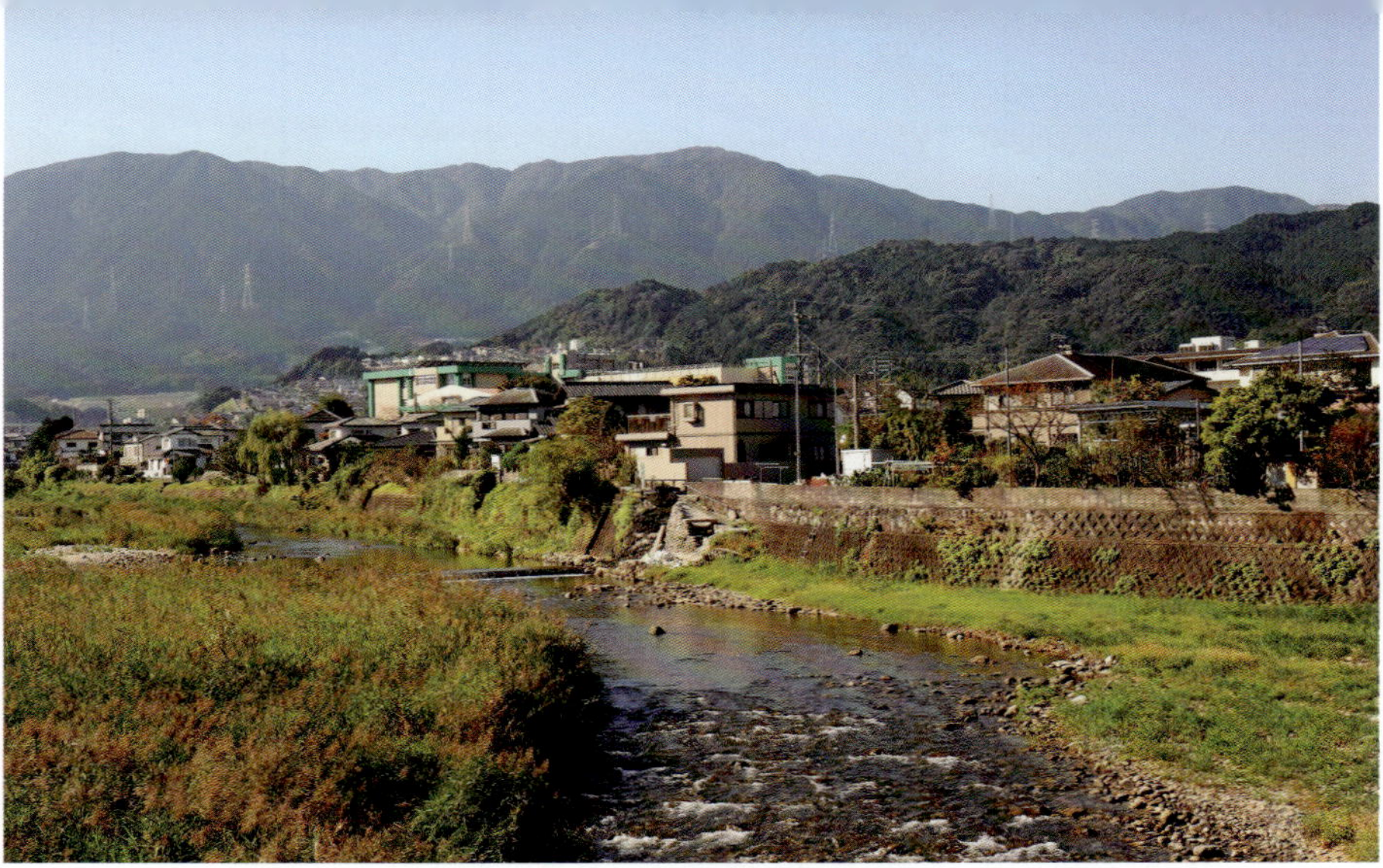

↑福岡市早良区入部から望む金山(正面奥)

←金山山頂はやや広く三角点もある

で**山中地蔵分岐**に着く。

これからまた、厳しい登りをもうひと頑張り。右に稜線が見えてくると、佐賀藩の番所跡に着く。左へたどれば**金山**山頂はすぐだ。やや広く佐賀県側が望める。

下山は北側から下り、左の直登コース分岐を見て直進する。細い岩稜からは福岡市街が望め、周囲にはシャクナゲも多い。岩場や急斜面を下り、やがて尾根と分かれてもうひと下りする。沢沿いの**27番標識**は休憩ポイントだ。

ここからはトラバース気味の緩い起伏に変わる。**25番標識**からまた下りになり、高圧鉄塔をすぎると人工林の中の急下降となって林道に出る。右折5分で坊主ヶ滝だ。疲れをいやしたら元に戻り、すぐ下の**登山口**を左折して、車道を**多々良瀬バス停**に向かう。

(文+写真=日野和道)

福岡市役所☎092・711・4111、西鉄お客さまセンター☎0570・00・1010

■2万5000分に1地形図
脊振山

CHECK POINT

1 谷川にかかる唯一の人工橋を渡ると川沿い歩きになる

2 九州自然歩道上のアゴ坂峠。右は三瀬峠へいたる

3 岩稜歩きの後は急斜面の岩場を下降する

4 坊主ヶ滝は滝行場でもあり、気配りが必要だ

＊コース図は48・49ページを参照。

16

縦走路こそ目的地、登り下りに滝を見て尾根歩きを満喫

井原山①・雷山

いわらやま　982m
らいざん　955m

日帰り

歩行時間＝5時間20分
歩行距離＝13.3km

技術度
体力度

縦走コース

コース定数＝24

標高差＝662m

累積標高差　↗984m　↘1079m

三瀬《みつせ》峠の西に脊振《せふり》山地第二の高峰である井原山があり、さらに西の尾根上に雷山がある。いずれも名山にふさわしい山だが、その魅力はこの二山を結ぶ尾根道そのものだといえる。二山は単に両端のピークと考え、尾根道の縦走を目的として歩くことをおすすめしたい。どちらから先に登ってもよいが、ここでは広い駐車場のある雷山側から登ってみよう。

JR筑前前原駅南口からコミュニティバスを終点の**雷山観音前**で下車し、千如寺《せんにょじ》横の**分岐**で雷山自然歩道に入る。狭い車道はスギ林の中の分岐で登山道に変わり、2度舗装林道を横切って、防火水槽をすぎると千如寺の開基・清賀上人ゆかりの**清賀の滝**に着く。右の山腹に取り付き尾根道に出る。やがて山腹を進み、スギ木立の中の**雷神社上宮**に出る。ここにはベンチがあり、休憩にちょうどよい。

スギ林を抜けて急坂にブナの木が見られると、やがて広く展望のよい**雷山**山頂に出る。

ここから東へ井原山への縦走がはじまる。すぐに佐賀県側の**古場《こば》分岐**があり、緩く登る。リョウブやカエデ、そして若いブナの林からササ原の鞍部の先が展望のよい944メートルピークの**富士山**。これを越え、大きく枝を広げたブナを見てササ原をすぎる。この付近ではコバノミツバツツジの大木が見られる。左側が谷となった樹高の高いブナ林をすぎると、ミツバツツジのトンネルとなる。途中、左の岩に登ると井原山への樹海が広がる。5月のゴールデンウィークには山肌がピンクに染まる景色が得られる。この先の下りでアカガシの森に変わり、洗谷の源頭が見えていてその**分岐**がある。次のピークが最もつらいが、越えると前方に井原山が近づき、再びミツバツツジのトンネルに入る。花の中に**キトク橋・アンノ滝分岐**をすぎれば、**井原山**山頂。山頂一帯のササ

井原山山頂付近に咲くコバノミツバツツジ

■鉄道・バス
往路＝JR筑前前原（南口）から糸島市コミュニティバスで雷山観音前下車。所要22分。問合せは昭和タクシー西部事業部☎092・322・2236へ。
復路＝井原山入口からの糸島市コミュニティバスは平日と休日で運行が異なる。土・日曜、祝日は井原山入口からJR波田駅西バス停へ、所要32分。運行は昭和タクシー西部事業部。平日は午前・午後各1便で、午後の便は井原山入口から2キロ強、約20分の辰ヶ橋バス停からとなり、JR波田駅へ所要18分。運行はチョイソコよかまちみらい号（予約制乗合バス／問合せはチョイソコセンター☎050・2018・2411へ）。

■マイカー
西九州自動車道前原ICから右折、県道564号の三坂交差点を直進すれば7・6キロ、18分で雷山観音前駐車場。同じく三坂交差点で左折し、49号を井原で右折して県道563号を進めば、瑞梅寺ダム上流に井原山入口バス停。すぐ上手0・5キロにキトク橋駐車場がある。11・7キロ、30分。

■登山適期
コバノミツバツツジの花期、ゴールデンウィークがベスト。九州を代表する名コース。

■アドバイス
▽雷山へは千如寺前の林道を雷神

原は花で埋もれ、金山《かなやま》、脊振山への山並みが望まれる。

下山は先ほど通ったアンノ滝、キトク橋への井原山自然歩道をとる。**分岐**からしばらくは落葉樹の自然林だが、ヒノキ林に入ると石灰岩の露出した道となり、**水無登山口分岐**に出る。ここから左へ、林の中の急坂を行く。やがて渓谷に出合い、しばらく下ると右の沢に**アンノ滝**が見られる。アンとは庵のことらしい。

渓流沿いを下り、林道を横切って縫うように沢を何度も渡ると左岸の林道に出る。これを下って大きく右にカーブすると、瑞梅寺《ずいばいじ》登山口の**キトク橋**に出る。舗装路を下れば**井原山入口バス停**に着く。

（文＋写真＝五十嵐　賢）

井原山山頂から東側の眺め。遠景は金山と脊振山

CHECK POINT

1 雷山観音横から登山道がはじまる

2 雷神社上宮まで来ると雷山は近い

3 大きな岩の前に雷山山頂標識がある。山頂では雄大な展望を得られる

4 水無登山口分岐では左の道をとる

5 下山路に出合うアンノ滝

6 キトク橋横の駐車場は狭い。下ればバス停がある

＊コース図は56・57ページを参照。

社、キャンプ場と進み、NTT専用車道から牧草地に出て山頂を目指す道がある。この道はサラシナショウマ、ミカエリソウなどの秋の花が多く、またトイレ付きの避難小屋があり林道沿いで流水も得られる。

▽井原山登山口のキトク橋近くに通年営業の瑞梅寺山の家（☎092・322・7397）がある。

■問合わせ先

糸島市役所ブランド政策課☎092・923・1111、昭和バス前原営業所☎092・327・5611

■2万5000分ノ1地形図

雷山・脊振山

福岡県
糸島市
福岡市
早良区
佐賀県
佐賀市
16-6
キトク橋
10台
WC
キトク橋～水無谷駐車場間は約3.8km
アンノ滝コース出合～水無谷駐車場間は約2.9km
林道第三雷山浮嶽線
林道出合
(アンノ滝コース出合)
16-5
アンノ滝
アンノ滝分岐
17-A-3
ベンチ
Start Goal
WC
水無谷駐車場
20台 P
535m
17-A-1
水無鍾乳洞第一洞
水無谷鍾乳洞第二洞
アンノ滝分岐
こうぞう岩湧水
水無登山口分岐
16-4
水無尾根
オオキツネノカミソリ群落
新村分岐
17-B-2
小さなアップダウン
植林帯
野河内分岐
鉄塔
三瀬峠
17-B-1
Start
582m
杉林
水場
17 A-2
林床をササが覆う樹林帯
渓流を渡る
登山道入口
林道入口
535
新村大橋登山口
車止めのゲートあり
新村開拓
新村
上合瀬
急坂
リョウブ、シデの自然林
縦走路出合
コバノミツバツツジのトンネル
982
井原山
17-B-3
662
701
735
499
539
678
714
694
669
820
877
559
453
592
545
263
0.15
0.20
0.10
0.40
0.50
0.25
0.30
0.35
1.00
0.55
0.05

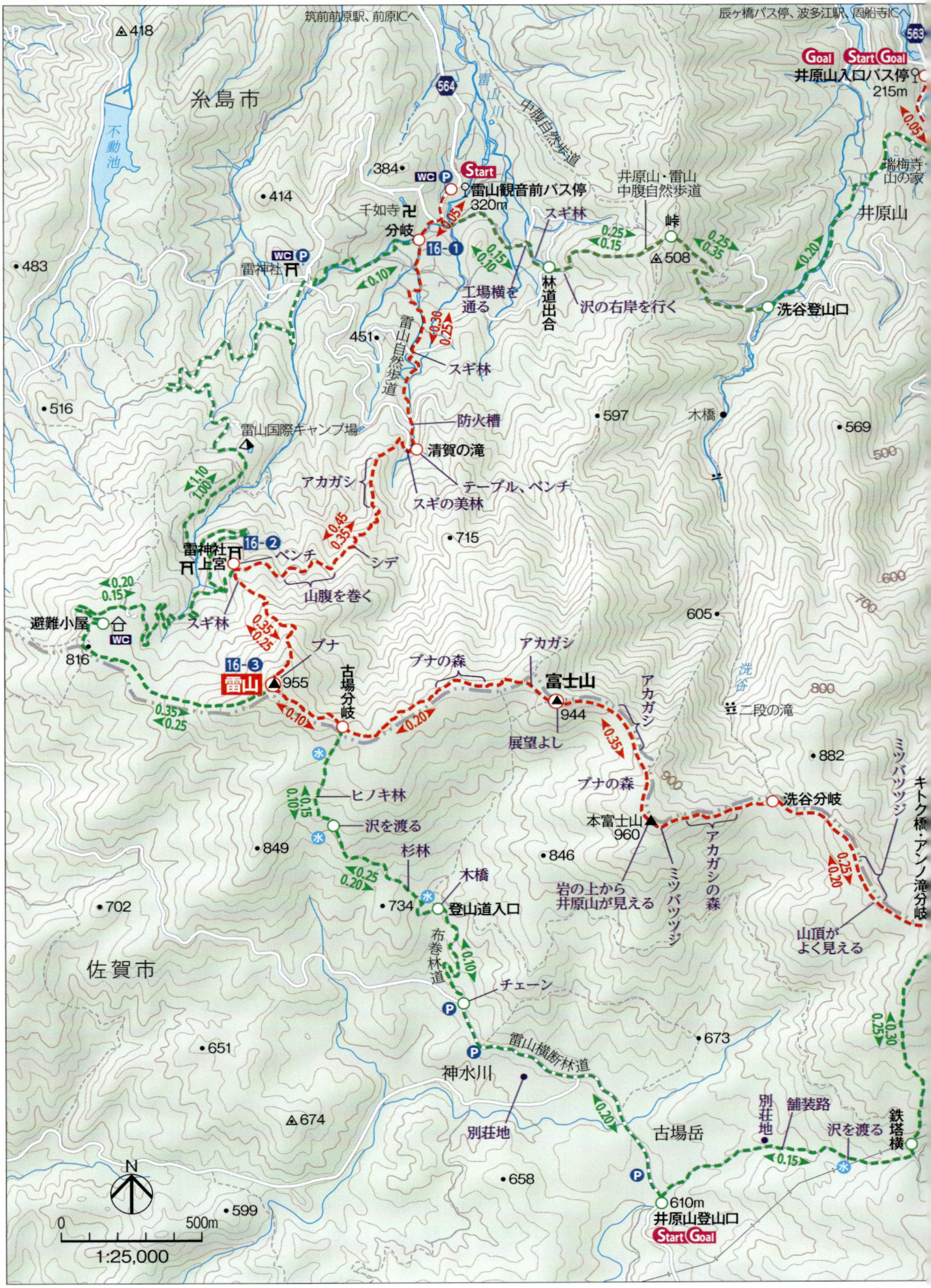

筑前前原駅、前原ICへ
辰ヶ橋バス停、波多江駅、周船寺ICへ
563
564
418
糸島市
不動池
雷山川
中腹自然歩道
Goal
Start
Goal
井原山入口バス停
215m
384
Start
雷山観音前バス停
320m
414
千如寺
分岐
16-1
スギ林
井原山・雷山
中腹自然歩道
峠
508
瑞梅寺山の家
井原山
483
雷神社
工場横を通る
林道出合
沢の右岸を行く
洗谷登山口
451
雷山自然歩道
スギ林
516
防火槽
597
木橋
569
雷山国際キャンプ場
清賀の滝
アカガシ
テーブル、ベンチ
スギの美林
715
16-2
雷神社上宮
ベンチ
シデ
山腹を巻く
避難小屋
スギ林
605
816
ブナ
16-3
雷山
955
古場分岐
ブナの森
アカガシ
富士山
944
アカガシ
洗谷
二段の滝
展望よし
882
ブナの森
ヒノキ林
本富士山
960
洗谷分岐
ミツバツツジ
キトク橋・アンノ滝分岐
沢を渡る
849
846
杉林
木橋
アカガシの森
702
734
登山道入口
岩の上から井原山が見える
ミツバツツジ
山頂がよく見える
佐賀市
布巻林道
チェーン
673
651
雷山横断林道
神水川
別荘地
舗装路
674
別荘地
古場岳
沢を渡る
鉄塔横
658
599
610m
井原山登山口
Start
Goal
N
0
500m
1:25,000

17

花の渓谷と縦走路を行く2コース

井原山② 水無谷・三瀬峠コース

いわらやま 982m
みずなしだに みつせとうげコース

日帰り

Ⓐ水無谷周回コース　歩行時間＝2時間45分　歩行距離＝6・1km　技術度　体力度

Ⓑ三瀬峠～井原山　歩行時間＝3時間30分　歩行距離＝7・9km　技術度　体力度

コース定数＝Ⓐ12 Ⓑ15

標高差＝Ⓐ447m Ⓑ763m

累積標高差　Ⓐ↗487m ↘487m　Ⓑ↗755m ↘755m

井原山をめぐるコースのうち、花の季節には多くの登山者を迎える水無谷周回コースと、三瀬峠から井原山への尾根を歩いてみよう。

CHECK POINT
Ⓐ水無谷周回コース

1 水無谷駐車場から縦走路合流地点まで水無谷をつめる

2 水無谷源流をすぎると登山道は左へ登っている

3 水無尾根を下るとアンノ滝分岐があり、右へ下る

Ⓐ水無谷周回コース

井原山入口バス停から林道を進むと、3・8キロで**水無谷駐車場**に着く。ここから対岸へ渡り、2つの**鍾乳洞**を見て上流に進む。こうぞう岩湧水をすぎると水無林間歩道が右から下ってきている。これは水無尾根からの道で、下山路に使う。この付近から穏やかな流れの岸辺にイチリンソウ、ホソバナコバイモ、ヤマエンゴサクなどが次々に可憐な姿を見せる。盛夏には林床を橙色に染めるオオキツネノカミソリの群落が続く。

自然林がスギ林に変わると、この流れと分かれ、左の急斜面を登っていく。リョウブ、シデの林からコバノミツバツツジの中に入ると傾斜も緩み、三瀬《みつぜ》峠と井原山を結ぶ**縦走路に合流**する。花のトンネルを分けて右に進むと、**井原山**に達する。

下山は井原山自然歩道を**キトク橋、アンノ滝への道**をとり、石灰岩の露岩地帯をすぎるとY字の**分岐**があり、アンノ滝への道と分かれて右の水無尾根を下る。**アンノ滝分岐**をすぎると右に鋭角に曲がり、水無谷に出て下流の**駐車場**へ戻る。（文＋写真＝五十嵐 賢）

水無の湧水があるこうぞう岩

■**鉄道・バス**
Ⓐ水無谷周回コースは⑯井原山①・雷山（54ページ）を参照。Ⓑ三瀬峠コースは公共交通機関なし。

■**マイカー**
Ⓐ水無谷周回コースは⑯井原山①・雷山（54ページ）を参照。Ⓑ三瀬峠へは福岡都市高速環状線野芥ICから国道263号経由で約16キロ。佐賀県側の新村開拓へ通じる道路の路肩に5台程度駐車可能。

■**登山適期**
水無谷は3月下旬～4月のイチリンソウの季節と7月中旬～8月上旬の

鉄塔を通過すると植林帯の中に野河内《のごうち》への分岐を示す指導標が現れる。小さなアップダウンを繰り返すと十字路の**新村分岐**《しんむら》だ。この分岐は花の季節になると佐賀県側の新村開拓から水無谷へ横断する登山者が多くなる。

山頂へ向かう登山道は林床をササが覆う樹林帯となる。820メートル付近の稜線をすぎると急坂の登りが続くようになり、右から水無谷コースが合流すると**縦走路出合**である。あとは水無谷と同じコースをたどって**井原山**へ。

下山は往路を戻る。変化を求めるなら水無谷へ下山し、水無谷鍾乳洞第二洞から**新村分岐**へ周回して**三瀬峠**へ戻る方法もある。

（文＋写真＝内田益充）

オオキツネノカミソリのころが花散策の適期。三瀬峠コースは稜線にミツバツツジの咲く季節。

■アドバイス

▽井原山のキトク橋駐車場（簡易トイレ付き）は10台ほど、水無谷駐車場（簡易トイレ付き）は15台ほどの駐車スペースで、いずれも花のシーズンには満杯のことが多い。対策としてはバスを利用するか、雷山観音前バス停の広い駐車場（トイレあり）に停めて、中腹自然歩道を利用していろんな周回コースの設定が可能。各ポイント間の距離は、アンノ滝コース出合（2・9キロ）水無駐車場。また、キトク橋（3・8キロ）、所要は往路50分、復路40分）水無谷駐車場。

■問合わせ先

Ⓐ水無谷周回コースは⑯井原山①・雷山（54ページ）を参照　Ⓑ三瀬峠コースについては福岡市早良区企画課☎092・833・4412

■2万5000分ノ1地形図

雷山・脊振山

登山者でにぎわう井原山山頂。脊振山地第2の標高

Ⓑ三瀬峠～井原山

三瀬峠は井原山と金山《かなやま》を結ぶ縦走路の鞍部となっている。車道は開通しているが、公共交通機関がないため、登山はマイカー利用に限られる。太陽光発電施設の右側奥が井原山への登山口で、標識がある。登山道に入ると施設内に立ち入らないよう金網のフェンスがしてある。

水無谷で見られる花

イワボタン
3～4月

イチリンソウ
3～4月

ホソバナコバイモ
3～4月

コガネネコノメソウ
3～4月

ラショウモンカズラ
4～5月

ヤマエンゴグサ
3～4月

CHECK POINT
Ⓑ三瀬峠～井原山

三瀬峠の井原山登山口。車止め柵の先から登山道へ

▼

新村の分岐は縦走路の鞍部で十字路になっている

▼

広々とした井原山山頂。季節には花で覆われる

＊コース図は56・57ページを参照。

18

ゆらりんこ橋を起点に、木の香ランドを囲む三山の周回

二丈岳・女岳・浮嶽

日帰り

歩行時間＝6時間40分
歩行距離＝16・0km

にじょうだけ 711m
めだけ 748m
うきだけ 805m

技術度 体力度

二丈岳山頂からの眺め

コース定数	＝31
標高差	＝685m
累積標高差	1377m / 1377m

糸島《いとしま》市西部にある加茂《かも》川上流は二丈渓谷とよばれている。その入口にある加茂ゆらりんこ橋を起着点にして、三山の周回を楽しもう。

長さ100㍍の吊橋、**ゆらりんこ橋**を渡り、対岸の森に入る。この遊歩道は加茂神社まで渓谷につかず離れず、たえず渓音を聞きながら、カシやスギ、カエデの爽快な森の道。真名子《まなこ》ダムの堰堤が渓谷の終点で、ここに加茂神社があり、湖面越しに女岳が望まれる。

池の東岸へ回りこんで進むと、左に**二丈岳の登山口**がある。この一帯が真名子木の香ランドといわれる山間の別天地。登山道は照葉樹の森からヒノキの植林地を抜け、**林道の終点広場**に出る。ここから15分で自然林に変わり、巨岩の多い**二丈岳**山頂に立つ。北に眼下の海岸線が美しく望まれ、南に目指す女岳、浮嶽が連なっている。

林道終点広場に戻り、林道を**キャンプ場**へ下る。車道をしばらく下り、左折して**つばき橋**を渡る。この道はすぐに登山道に変わり、上部で基幹林道（**女岳北登山口**）を横断。ヒノキ林の山腹の急坂を登ると、県境の脊振《せふり》山地の大縦走路に合流する。これを右折。しばらく登ると自然林に変わり、大きな岩を巻くと**女岳**山頂。山頂標識の先に海岸線が望まれる。

縦走路を西へ20分で車道（女岳西登山口）に出て、**荒谷峠**の十字路で左折。100㍍ほど先に右に登る「浮岳」の標識があるが、舗装林道をそのまま進む。やがて先ほどの登山道がすぐ右横に見えているので、**登山道に入り**、急坂を

■アクセス
往路・復路＝JR筑肥線大入駅から国道202号を東へ進むと、加茂ゆらりんこ橋への標識があり、右折後約2㌔でゆらりんこ橋。

■マイカー
西九州道吉井ICからJR福吉駅に出て、国道202号を東へ大入駅をすぎれば、二丈岳登山口への道がある。

■登山適期
通年可だが新緑の4・5月、それに11月中・下旬の紅葉が楽しい。

■アドバイス
▽大入駅を起着地にすると約9時間を要するハードコースになる。その場合は2回に分けて、1回目に二丈岳をJR深江駅から登り、2回目に本コースの木の香ランドから女岳、浮嶽の2山に登ればいい。
▽マイカーで木の香ランドに駐車して三山を周回すると、約5時間に時間短縮できるが、やや物足りない。

■問い合わせ先
糸島市役所ブランド政策課☎092・923・1111、糸島市観光協会☎092・322・2098、木の香ランドキャンプ場☎092・844・2100、まむし温泉☎092・329・3003

■2万5000分ノ1地形図
雷山・岐志・前原・浜崎

二丈岳から女岳と浮嶽

登る。下山時に利用する東登山道への分岐を左に見て、続く左右に分かれる道は右の道に入り、白龍稲荷の前を通り、上部の大岩展望台で展望を楽しんでいこう。すぐ上部が**浮嶽**山頂で、浮嶽神社上宮が祀られている。山頂の展望は北側がわずかに開けている程度だ。

下山は、往路で通った分岐を右に、東登山道に入る。数分で東登山口に下り、ここから林道をたどって、往路の**登山道入口**を経て**荒谷峠**に戻る。峠で左折、**変則十字路**で広域基幹林道を横切って未舗装の林道を下る。やがて舗装路に出て右折し、真名子集落から橋を渡ると木の香ランドの研修棟に着く。あとは来た道を戻り、**ゆらりんこ橋**へと下る。

（文＋写真＝五十嵐 賢）

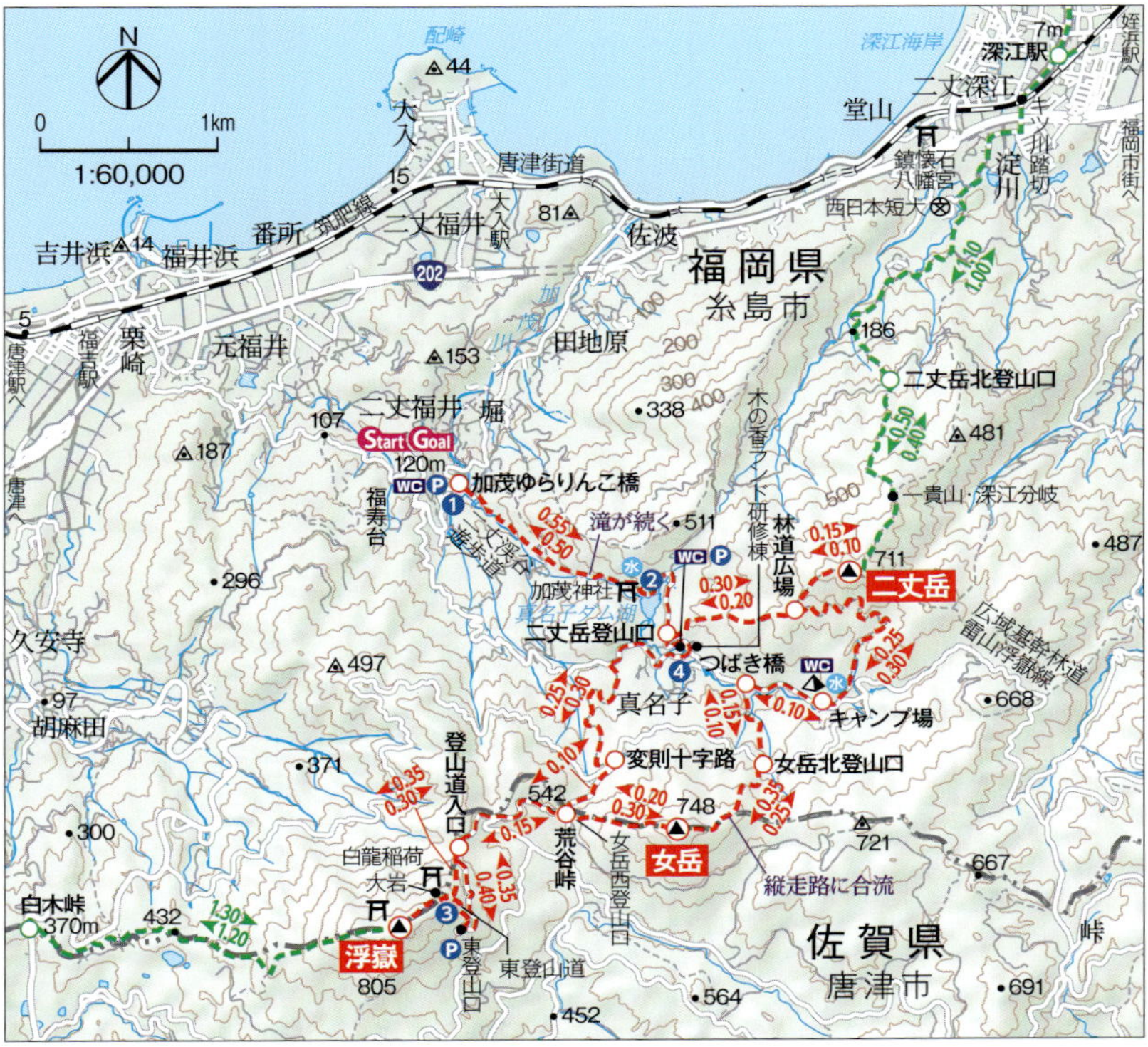

CHECK POINT

起・着点のゆらりんこ橋を渡り渓流の右岸を進む

加茂神社から女岳を望む

浮嶽山頂直下の白龍稲荷。上部の大岩からは展望がよい

真名子橋、木の香橋を渡ると木の香ランドの大小の研修棟に着く

19

巨岩から360度の大展望を楽しむ

十坊山

とんぼやま
535m

日帰り

歩行時間＝3時間25分
歩行距離＝11.0km

技術度 ★☆☆☆☆
体力度 ★☆☆☆☆

コース定数	＝17
標高差	＝529m
累積標高差	↗679m ↘679m

福吉駅近くから見上げる十坊山

糸島《いとしま》市と佐賀県唐津《からつ》市との境界にある十坊山は、福岡県ならびに脊振《せふり》山地の最西端に位置している。山名は清賀上人が浮嶽《うきだけ》に建立した久安寺《きゅうあんじ》の属坊が、山麓に十坊あったからとも、また久安寺の僧侶が、豊臣秀吉軍に抗ったため捕縛され、山頂付近で殺されたことに由来するとも伝わっている。晴れた日には、玄界灘《げんかいなだ》の彼方に壱岐《いき》や対馬《つしま》までも見わたせるのが自慢の山でもある。

JR筑肥《ちくひ》線福吉《ふくよし》駅の南口から農道を抜け、県道143号に出る。左折して二丈浜玉道路の高架下を抜けると、大きな登山道マップがある**中村登山口**に着く。集落を抜け、山頂への標識にしたがい進む。ミカン園、帰路の合流点をすぎると、三差路に出る。右折して登り上がった尾根が**鹿家《しかか》分岐**だ。

ここから本格的な登路につき、植林帯の尾根筋をひたすら登る。大石群をすぎ、緩くなったかと思うとまたジグザグの急斜面が続く。やっと平坦になると、鹿家方面の**相思の桜分岐**に着く。

また登りにつき、木の根が張り出した急斜面を喘ぎながら登りきると、待望の**十坊山**だ。広い草地の山頂には、デーンと坊主岩が鎮座する。クサリを使って巨岩に立てば、360度の大展望が広がり、疲れがいっきに吹き飛ぶ。

下山は東の樹林帯を急下降する。鞍部で荒れた旧登山道を左に見て、少し登り、再び急斜面を下降すると、県道上の**白木峠《しらきとうげ》**に出る。右はゴルフ場、正面は浮嶽登山口だ。

左折して駐車場横の小さな車道に入り、植林帯を下る。2つ目の橋に水場があり、その先が**原《はら》分岐**

■鉄道・バス
往路・復路＝博多駅からJR筑肥線で福吉駅下車。所要時間約1時間。バス路線はない。

■マイカー
国道202号または二丈浜玉道路の吉井ICから、県道143号に入り、中村登山口に向かう。近くの「まむしの湯」にお願いすれば駐車可能で、さらに登山者には入浴料も割り引かれるとのこと。白木峠近くの県道沿いに7～8台の駐車場あり。

■登山適期
一年を通して楽しめるが、展望の山だけに、空気が澄み、麓の田圃で赤米が色づく秋がベスト。

■アドバイス
▽登山道はよく整備されているが、山中には水場はないので必携のこと。
▽下山時の浮嶽神社経由の所要時間はほぼ同じ。
▽短時間で展望を楽しむため、白木峠から往復する登山者も多い。また、白木峠から浮嶽、女岳、二丈岳へと縦走するのもおもしろい。

■問合せ先
糸島市役所ブランド政策課☎092・923・1111、JR九州案内センター☎0570・04・1717、まむし温泉☎092・329・3003

■2万5000分ノ1地形図
浜崎

だ。右は浮嶽神社への道だが、ここは直進しよう。この先の分岐もかまわず直進して、ミカン園が現れると往路に出る。**中村登山口**はすぐそこだ。

（文＋写真＝日野和道）

十坊山山頂のシンボル、巨岩・坊主岩。クサリを使って岩上にも立てる

CHECK POINT

大きな登山道マップがある中村登山口

登山道には脊振山系特有の大きな花崗岩が点在する

十坊山山頂は360度の大展望が広がり疲れも吹き飛ぶ

県道沿いの白木峠。反対側は浮嶽登山口で、近くに駐車場もある

20

大展望の山城跡と菅公ゆかりの二山を結ぶ低山散策

基山・天拝山

きやま（きざん） 404m
てんぱいざん 257m

日帰り

歩行時間＝4時間10分
歩行距離＝14・6㎞

技術度

体力度

コース定数＝**20**

標高差＝357m

累積標高差 753m 766m

天拝山山頂からは東側の展望がよく、眼下に筑紫野、太宰府市街が、そして宝満山が望まれる

基山は、遠《とお》の朝廷《みかど》・大宰府を防衛していた日本最古の朝鮮式山城跡で、山中には土塁や水門跡などが見られる。西側は公園化され、山腹は草スキー場となっている。脊振《せふり》山地の東端に位置する展望の山で、3泊4日の脊振山地大縦走のスタートの山でもある。一方、天拝山は、その大宰府に配流された菅原道真が無実を天に祈った山といわれる。

JR原田《はるだ》駅から南の跨線橋を渡り、上原田集落を抜けて県道、高速道の下を通る。十字路に出て右折。すぐ先の池の手前で左折し、15分ほど林道を歩くと右手にブロック積みの**登山口**がある。これを登るとお滝《たき》の行場だ。建物の背後に回りこみ、小滝のある細流を渡ってヒノキ林の中を登ると**東北門跡**。直進し、水場をすぎて礎石群の中を抜けると、南北に長い**基山**頂稜の中央付近に出る。展望台があり、筑後平野や遠く雲仙岳《うんぜんだけ》や九重《くじゅうさん》山が望まれる。周辺はオキナグサが自生し、保護されている。三角点は南端のピークにあり、礼拝石（磐座）、石碑、先に避難小屋がある。

西側の草スキー場の斜面を下り、車道の手前で右に自然歩道を下る。林道を2度横切って植林地の中を下ると、**平山集落**に出る。先で左折し、山口川と県道137号を横切って天拝湖に出る。湖岸で左折し、**総合運動公園管理棟**の先で左折。兎ヶ原《うさはら》林道を進み、**林道終点**から右の尾根道を登る。竹林から照葉樹の森の道は、ベンチのあるピークにから急な木段を下り、登り返すと天拝山社、天拝岩のある**天拝山**山頂だ。休憩舎の屋上から東側の展望がよい。

下山は天神様の径と正面登山道があり、いずれを下っても**天拝公園**（天拝山歴史自然公園）で合流する。あとは地下道を抜けて温泉街に出る。（文＋写真＝五十嵐 賢）

■鉄道・バス
往路＝JR鹿児島本線原田駅で下車。
復路＝JRまたは西鉄二日市駅。湯町から西鉄二日市駅へバス便がある。

■マイカー
往路＝九州自動車道筑紫野ICから県道17号を南下、原田ICから右折し、ガードをくぐった先の左に上原田公園（6・7㌔）。
復路＝筑紫野ICから県道17号を北上、高速道下を右折して天拝公園（2・3㌔）。天拝公園内および高速道路下（4時間まで無料）に駐車場あり。

■登山適期
初日の出登山やオキナグサ、フデリンドウ、サクラの咲く4～5月上旬、草スキーができる春休みが人気。

■アドバイス
▽本コースはJR駅の利用にしているが、九州自動車道基山PAと筑紫野バス停を利用した周回も可能。
▽佐賀県側には前記の基山PAかJRけやき台駅から基山町丸林の水門コースも近い。
▽天拝山まで行かずに八反田や天拝湖入口バス停からJR、西鉄二日市へのバス便があるので、ショートカットできる。
▽佐賀県側からは本福寺、瀧光徳寺からも登山道がある。瀧光徳寺から車道が山頂西側まで通じ、駐車場やトイレもある。

■問合せ先

基山山頂から草スキー場越しに九千部山と脊振山

CHECK POINT

1 お滝の行場をすぎて細流沿いに進むと東北門跡

2 東北門では基山町からの史跡めぐりコースが合流。下り気味に直進する

3 基山は1等三角点の山。礼拝岩の先に筑後平野が広がっている

4 兎ヶ原林道終点が天拝山への登山口。ここから約50分で天拝山山頂

筑紫野市役所☎092・923・1111、筑紫野市観光協会☎092・922・2421、基山町役場☎0942・92・2011、西鉄お客さまセンター☎0570・00・1010、御前湯☎092・928・1126

■2万5000分ノ1地形図 二日市・不入道

21

都心の近くで森林浴と縦走を楽しむ

油山・荒平山

あぶらやま　597m
あらひらやま　395m

日帰り

歩行時間＝3時間30分
歩行距離＝9・2km

技術度
体力度

コース定数＝17	
標高差＝571m	
累積標高差	722m / 716m

油山全容　左中が荒平山、奥が油山

片江展望台から福岡市街を一望

福岡市民にとって最も身近な山といえる油山は、同市の早良《さわら》区・城南《じょうなん》区・南《みなみ》区の境界に位置する。低山だが急斜面もあり、多少の脚力を要するが、気軽に森林浴を楽しめる。山名は天平年間の渡来僧・清賀上人《せいがしょうにん》がゴマ（椿とも）から灯明油を採って、近隣諸寺に贈ったことに由来するとのこと。今回は城南区の油山バス停を起点に、油山から荒平山へと縦走して、早良区の西鉄早良営業所に下りてみよう。

油山バス停から山麓の**片江《かたえ》展望台**を目指す。市街を一望したら、手前の登山口標識から厳しい登りにつく。支尾根を越えると、梅林《うめばやし》分岐に出る。これから稜線をたどる。自然林に変わり、野芥《のけ》分岐の妙見鼻《みょうけんばな》では、東方に宝満山《ほうまんざん》などが望める。さらに2つ目の反射塔にかかると、東区の立花山《たちばなやま》が見えてくる。やがて登りが緩くなり、巨岩が座る**妙見岩**に着く。木立の中で展望はなく、左は油山観音への分岐だ。

いったん下るが、すぐ凹状路の厳しい登りとなる。市民の森への分岐をすぎると、三角点ピークに着く。ここからは緩い起伏になり、国見岩《くにみいわ》を見て、最後の木段路を登ると**油山**だ。木立の中の山頂にはベンチがあり、北側に福岡市街から玄界灘《げんかいなだ》を一望できる。

荒平山へは西側の尾根をたどる。片江分岐を左折すると、急下降の連続だ。植林帯に変わり、やせ尾根を経て**439メートルピーク**に到着。さらに急斜面は続き、途中で緩い尾根歩きを経て鞍部に着く。ここから一転、急斜面をジグザグに登

■**鉄道・バス**
往路＝博多バスターミナルや天神地区からともに西鉄バス桧原営業所行きに乗る。
復路＝早良営業所からは、各方面への便、多数あり。
■**マイカー**
片江展望台に15台ほど駐車可能。ただし、毎年9～10月のハチクマの渡り鳥観察期間は満車のことが多い。ほかに、油山市民の森や花畑園芸公園の駐車場（有料）も利用可。
■**登山適期**
中腹以上に、多くはないがヤブツバキ、ヤマツツジ、ヤマボウシなどの花が咲き、新緑がまぶしい春から初夏が最適。
■**アドバイス**
▽荒平山は戦国時代に早良一帯を治めた案楽平城跡で、石垣などに当時

CHECK POINT

野芥分岐の妙見鼻からは東に宝満山を望める

かつては雨乞いの場であった巨岩が座る妙見岩。油山観音への分岐でもある

多くの登山コースがある油山山頂はいつもにぎわっている

北側が開けた油山山頂から福岡市西部を望む

連続した急下降のあとホッとできるやせ尾根をいく

樹木に覆われた戦国時代の山城跡の荒平山

り、三の丸跡を抜けると**荒平山**山頂だ。やや広く、碑やテーブルがあるが、樹木が育ち展望はない。

下山は碑のうしろから下降して、二の丸跡に立ち寄る。先の標識を左折して、うっそうと茂る照葉樹林帯を下り、分岐を直進する。植林帯に変わり、長い凹路をロープに頼って急下降すると**登山口**に出る。林道をたどり、車道に出て、さわら台団地を抜ければ、**西鉄早良営業所バス停**まではもう少しだ。（文＋写真＝日野和道）

の名残をとどめている。

▽妙見岩では干ばつの時、焚火をたき、太鼓をたたいて、雨乞いをしたとされる。

▽油山市民の森は明治100年事業として開設され、キャンプ場や種々の野外施設があり、四季を通じてにぎわっている。

■**問合せ先**

福岡市役所☎092・711・4111、油山市民の森管理事務所☎092・871・6969、西鉄お客様センター☎0570・00・1010

■**2万5000分ノ1地形図**

福岡西南部・福岡南部・脊振山

22

森林浴を楽しむ四低山のミニ縦走

叶岳・高地山・高祖山・鐘撞山

日帰り

歩行時間＝3時間50分
歩行距離＝9・8㎞

技術度　体力度

かのうだけ　341m
たかち（こうち）やま　419m
たかすやま　416m
かねつきやま　314m

コース定数＝17

標高差＝374m

累積標高差　707m　717m

高祖山山頂

福岡市の西端にある今宿《いまじゅく》野外活動センターは、北側以外の三方を叶岳、高地山、高祖山、鐘撞山の四山に囲まれた扇の要に位置しており、同センター周辺からいくつもの登山コースがある。ここではこの四山をすべて歩く周回ミニ縦走を楽しもう。

本村《ほんむら》の叶嶽宮前、今宿《いまじゅく》野外活動センターのいずれのバス停からもこの山地に取り付けるが、四山の周回なら**叶嶽宮《かのうだけみや》前バス停**が便利。バス停の先に叶嶽登山口があり、鳥居の並ぶ参道を登る。しばらく登ると左側に遥拝所があり、山頂や眼下の博多湾の島々が望まれる。この参道は植林地の中を進むが、樹間から鐘撞山が見える。えぐられた道は不動岩を見て、勝軍地蔵が祀られた叶嶽神社のある**叶岳**山頂に達する。社殿の右側から背後に回ると、山頂標識やベンチがある。ここから南に進み、ミニ縦走がはじまる。

しばらく下り、登り返した平坦地の切り分けからは福岡市街や飯《いい》盛山《もりやま》、背後に油山《あぶらやま》が望まれる。この山地最高峰の**高地山**（2等三角点名は東ノ原）をすぎると、テーブルやベンチのある飯盛山分岐に出合う。左に下れば飯盛山へは約40分。縦走路は右の道を西へと急坂を下り、**林道に出合って**高祖山へと向かって階段を登る。傾斜が緩むと野外センターへの2つの自然観察路分岐を見て、左に鋭角に登ると平坦な城址の**高祖山**だ。樹間から脊振山地の山並みや西側に可也山《かやさん》を望む。

さらに縦走路を進み、下の城址で高祖神社への道を左に見て北に向かって下る。途中の標識は高祖東谷となっているが、Y字路の**分**

■**鉄道・バス**
往路・復路＝JR筑肥線姪浜駅（北口）から姪浜タクシーのルートバスで25分から30分で本村、叶嶽宮前、今宿野外活動センターの3バス停に着く。

■**マイカー**
福岡都市高速石丸か福重ICから青果市場入口交差点で国道202号（今宿バイパス）を西下し、バイパス青木交差点を左折すれば、右記3バス停に着く。約6㌔、15分で叶嶽宮前バス停。

■**登山適期**
通年で登られている。

■**アドバイス**
▽縦走路からいくつもの道が野外活動センターと結ばれているので、体力に応じて適宜利用できる。別コースとして①飯盛神社～飯盛山～高地山～叶岳～生松台、②高祖神社～高祖山～高祖東谷～高祖神社などのミニ周回コースもよく歩かれている。いずれもバス便が利用可。
▽今宿野外活動センター発行のハイキングコース地図が便利。
▽叶嶽宮前バス停付近に2箇所、野外活動センター（トイレ付き）にも駐車場がある。
▽高地山はたかち、こうちいずれも使われているようだが、野外活動センターでは「たかち」といっているとのこと。

鐘撞山から博多湾と能古島

岐で小さな「カネツキ山、上ノ原」の標識を見て右へ進めば、やがてベンチの並ぶ**鐘撞山**に着く。山頂は狭いがこの山地一番の展望台である。

下山は東へ尾根道の急坂を下る。岩を右から回りこむと大きな標識が現れ、植林地の中をしばらく下ると林道に出て左へ下る。集落に入って丁字路に突き当たると、左右いずれもバス道に出るが、左は**本村バス停**が近い。右に進むと出発地の叶嶽宮前バス停に戻り、さらに今宿野外活動センターへもたいした距離ではない。

（文＋写真＝五十嵐 賢）

■問合せ先
福岡市役所☎092・711・4111、今宿野外活動センター☎092・806・3114、姪浜タクシー☎092・885・7714

■2万5000分ノ1地形図
福岡西南部

CHECK POINT

鳥居が続く正面参道は途中に遥拝所やあずまやがある

叶岳山頂からミニ縦走がはじまる

三角点と小さな標識があるだけの高地山山頂。飯盛山分岐はすぐ先だ

おにぎり型の飯盛山は分岐から40分

高祖神社への道が分かれる下の城址

各所の登山道が合流する今宿野外活動センター

23

可也山

海抜0メートルからふるさとの富士に登る

かやさん
365m

日帰り

歩行時間＝1時間50分
歩行距離＝4・3km

技術度 ■□□□□
体力度 ■□□□□

コース定数＝9
標高差＝363m
累積標高差 ↗400m ↘385m

福岡市の西隣、糸島市にある可也山は、左右対称の秀麗な山容から小富士とも糸島富士、筑紫富士ともよばれる。標高は一年の日数と同じ365メートル、糸島市のシンボルの山である。これを海岸のほぼ海抜0メートルから登る。コースは小富士、師吉《もろよし》、親山《おやま》集落からの3コースが主なもの。ここでは梅林で有名な小富士集落から登り、師吉集落へ下るコースを歩いてみよう。

JR前原駅前からバスに乗り、海岸の小富士東バス停か**小富士バス停**で下車。小富士集落上部の納骨堂の横の十字路に「可也山」の標識があり、間近に見えている山腹へ向かう。一帯は小富士梅林といわれる梅の名所で、2月から3月にかけて梅の香が漂う道だ。梅林を抜けて竹林から照葉樹の森に変わると、低山とは思えないほどの山腹の急斜面を登る。

展望のない支尾根に取り付き、ほどなく平坦な**頂稜**に達する。左折して照葉樹の茂る平坦な頂稜をお堂、可也神社、テレビアンテナ、**可也山**山頂標識をすぎて下り気味に進むと、突然大きく視界が広がり、**可也山展望台**に立つ。眼下に日本白砂青松百選に選ばれた、美しい幣《にぎ》の浜の海岸線が望まれる。

下山は先ほどの小富士コースを右に見て、自然歩道をとる。**頂稜**を直進し、**第一展望所**の広場から植林地の中の急坂を木段で下る。**石切場跡**を右に見て、切通しの道を抜けると**師吉公民館**の前に出る。

（文＋写真＝五十嵐 賢）

■鉄道・バス
往路＝JR前原駅から15分で、小富士または東小富士バス停。
復路＝師吉公民館から20分でJR前原駅。いずれも昭和バス。

■マイカー
福岡・前原有料道路（西九州自動車道）前原ICから15分の糸島市志摩庁舎に駐車場がある。師吉登山口まで1・3キロ、20分。登・下山口近くに駐車場はない。

■登山適期
小富士梅林の観梅時の2、3月がとくにおすすめ。

■アドバイス
▽親山コースは集落の入口に標識があり、集落の上部で虚空蔵堂への分岐から左の林道を進み、頂稜のお堂横に出る（登り55分）。
▽いずれのコースも低山と思えない急坂が続く。侮らないこと。
▽歩き足りない人には、近くに火山（244メートル）と次項掲載の立石山（2

泉川越しの可也山は秀麗な山容

CHECK POINT

登山口の小富士バス停、背後に可也山が見える

急坂を登りきると頂稜に達し左へ進む

可也神社の右横を進むと山頂標識をすぎて展望台に出る

山頂標識からさらに進むと展望台へ出る

下山は急な木段の右手に石切場跡を見る

バス停の前に師吉公民館がありトイレを利用できる

可也山展望台からの眺め

10メートル）があり、いずれもすばらしい展望を誇っている。

▽糸島半島は福岡県の人気スポット、観光だけでなく農産物、海産物の宝庫、JA糸島経営の伊都菜彩（☎092・324・3131）や志摩の四季（☎092・327・4033）など、人気の大きな直売所がある。

■問合せ先

糸島市役所ブランド政策課☎092・923・1111、昭和バス前原営業所☎092・327・5611

■2万5000分ノ1地形図

前原

24

立石山

眼下に広がる玄界灘の大海原と名勝芥屋大門

たていしやま

210m

日帰り

歩行時間＝1時間40分

歩行距離＝4・5㎞

技術度

体力度

コース定数＝7

標高差＝205m

累積標高差 ↗255m ↘255m

眼下の芥屋の大門と青い海が広がる展望がみごと

糸島《いとしま》半島芥屋《けや》一帯は、玄海《げんかい》国定公園の景勝地。東から白砂青松100選に選ばれた幣《にぎ》の浜、日本三大玄武洞の芥屋の大門《おおと》、日本の快水浴場百選に選ばれた芥屋海水浴場と続き、ここから西端に見える松と岩を配した低山が立石山だ。

JR前原《まえばる》駅前からバスに乗り、終点の**芥屋バス停**で下車する。広い駐車場の前で遊覧船発着所への道を右に見て西へ進むと、夏には海水浴でにぎわう芥屋海水浴場に出る。そのまま車道を終点まで歩いてもいいが、波打ちぎわの砂浜伝いに歩くのも楽しい。まさに海抜0㍍《メートル》からの山歩きだ。

白砂の海岸の西端、芥屋キャンプ場の先にある建物の左手前に**登山口**がある。しばらく林の中の道だがすぐに林を抜け、シダを分けてユズリハや小松の多い岩の道となる。急に展望が開けて右側に玄界灘、前方に大岩が林立する山頂方面が見えてくる。ざらついた岩の斜面の道の道をすべらないように登っていく。**展望台**にはベンチもあるが、気にいった場所にある平らな岩のベンチでひと休みして、眼下の大展望を楽しもう。左に糸島富士の可也山《かやさん》が望まれ、眼下の芥屋の大門は紺碧の大海原を目指すウミガメのようだ。

上部はしだいに急坂となり、岩を穿った階段を登る。お社のある大岩を巻いて、木立の中の**立石山**山頂に達する。

左に下って登り返せば、再び展望が広がる**ビューポイント**の標識

■**鉄道・バス**

往路・復路＝JR博多（福岡市営地下鉄空港線40分）筑前前原（昭和バス30分）芥屋。

■**マイカー情報**

福岡前原有料道路（西九州自動車道）の前原ICから20分で芥屋。芥屋バス停近くに無料駐車場（トイレ付）がある。キャンプ場前の浜辺にもある。

■**登山適期**

真夏を避ければほぼ通年、空気が澄む秋から冬がおすすめ。

■**アドバイス**

▽近くの岐志漁港では、冬場にはカキ小屋が営業してにぎわっている。

▽遊覧船で芥屋の大門探勝もおすすめ。また、芥屋の大門公園まで歩いて幣の浜の散策も楽しい。

▽糸島は食の宝庫。市内の産直特産品の販売店歩きも下山後の楽しみのひとつ。

■**問合せ先**

糸島市役所ブランド政策課☎092・923・1111、糸島観光協会☎092・322・2098、昭和バス前原営業所☎092・327・5611、芥屋大門観光社☎092・328・2012

■**2万5000分ノ1地形図**

芥屋

がある。こちらの方が展望に恵まれ、歩いてきた露出した岩の稜線が望まれる。彼方に高杉晋作を看取った野村望東尼が幽閉され、そして晋作に救出された三角錐の姫島も望める。ここからは今まで見えなかった引津湾も望まれ、ぐるりと海に囲まれているのがわかる。

そのまま東へ下る。林に入ると**福**《ふく》**の浦越**《うらごし》で市道に出合い、左に下れば天神山溜池の横を回って、**芥屋バス停**や駐車場に戻ることができる。

（文＋写真＝五十嵐 賢）

↑芥屋海岸から見た立石山全容

←下山路の引津湾の眺め

CHECK POINT

立石山の登山口は海岸の西端の建物前からはじまる

大きな岩の下に鳥居とお社があり、横の岩を通り抜けると立石山山頂はすぐ

立石山山頂からは姫島が望まれる

車道に下り着いたところが福の浦越。ここから約2キロで第一駐車場に戻れる

↑新宮町太閤水付近から見た立花山

←三日月山へ続く縦走路

25

立花山・三日月山

クスノキの原生林と博多湾一帯の展望を楽しむ

たちばなやま　367m
みかづきやま　272m

日帰り

歩行時間＝2時間10分
歩行距離＝5・1km

技術度　体力度

コース定数	＝10
標高差	＝307m
累積標高差	↗438m　↘463m

　福岡市東区、糟屋《かすや》郡新宮《しんぐう》町、糟屋郡久山《ひさやま》町の境界に位置する立花山は、玄界灘《げんかいなだ》を航行する船舶の目印とされていた。中腹より上部はクスノキの原生林が広がり、北限地帯として国の特別天然記念物の指定を受けている。立花道雪の居城があった山頂には、石垣や古井戸などが残っており、山麓には道雪に縁の神社や寺院がある。都心に近く交通の便もよいことから、尾根続きの三日月山とともに日ごろから多くの人に親しまれている。

　立花小学校前でバスを降り、独《と》鈷寺《こじ》、六所《ろくしょ》神社をすぎて立花山登山道入口の標識から右折する。梅《ばい》岳寺《がくじ》の前を通り、農家の中を抜け舗装路が終わると登山道に取り付く。丸木段を登ると右にナギの大樹が見え、少し行くと**水場**がある。道は左に大きく曲がり、クスやタブの大木が現れると分岐点の**屏風岩《びょうぶいわ》**に着く。左の道は大クスへ通じており、片道5分程度なので立ち寄りたい。右の道を進み、古井戸や松尾《まつお》・白岳《しらたけ》縦走路の分岐をすぎると**立花山**の山頂である。博《はか》多《た》湾一帯の展望は開けているが、その他は樹木に覆われ視界がきかない。

　山頂から南の三日月山へ向かう。急坂を下ると右に**下原《しもばる》からの道が合流**し、周囲はうっそうとしたクスノキに覆われた起伏の少ない縦走路となる。三日月山直下で、三日月霊園と下原からの道が

クスの巨木。大クス以外にも巨木が多い

■鉄道・バス

往路＝JR福工大前駅から新宮町営バス「マリンクス」に乗車し、立花小学校前で下車。乗車15分。

復路＝下原からは西鉄バスに乗車

CHECK POINT

1 往路の中間地点にある水場は、休憩にも適している。下山まで他に水場はない

2 三日月山への縦走路の途中で下原からの登山路が合流する

3 大展望が広がる三日月山の山頂は、広々とした草原になっている

4 下原への下山は分岐を右へ直進する。左は三日月霊園登山口

合流し、わずかに登れば**三日月山**の山頂である。草原状の山頂は360度の展望である。

下山は山頂直下の合流地点から縦走路と離れ、下原への道をたどる。山道が終わって舗装路になると右に病院が現れる。住宅街を抜けて、県道に出ると右方向に**下原バス停**がある。

（文＋写真＝内田益充）

し、JR香椎駅または西鉄香椎駅前で下車。乗車10分。

■マイカー

九州自動車道古賀ICから国道3号経由で540号に入り、約8㌔。福岡都市高速香椎東ランプから同経路で約5㌔。立花口駐車場は六所神社9台（トイレあり）、登山口入口約10台、梅岳寺の先約30台。下原駐車場は立花山登山口に7～8台駐車できるが、土・日曜、休日は満車となることが多い。

■登山適期

クスノキの新緑が美しい季節を選びたい。真夏は避けたい。

■アドバイス

▽下山後のトイレは、下原バス停から50㍍先の下原公園が利用できる。

▽立花口側にマイカーを駐車した場合、下山後の下原バス停付近に常駐しているタクシーを利用して、往路の登山口に戻れる。

■問合せ先

福岡市東区企画振興課☎092・645・1012、新宮町役場産業振興課☎092・962・0238、新宮タクシーマリンクス事業部☎092・962・9955、西鉄お客さまセンター☎0570・00・1010、安川タクシー☎092・681・1331

■2万5000分ノ1地形図

古賀・福岡

26

急峻な宗像四塚連峰の最高峰を目指す
孔大寺山・湯川山

こだいしやま　499m
ゆがわやま　471m

日帰り

歩行時間＝4時間25分
歩行距離＝9・4km

技術度
体力度

コース定数＝20
標高差＝469m
累積標高差　915m　942m

宗像市光岡付近から見た孔大寺山（右）と湯川山(左)

宗像《むなかた》市と遠賀《おんが》郡岡垣《おかがき》町との行政区界を南北に走る宗像四塚《よつづか》連峰は、南から城山《じょうやま》、金山《かなやま》、孔大寺山、湯川山と続き、最後は玄界灘《げんかいなだ》や響灘《ひびきなだ》へ繋がっている。四塚連峰は低山ながら登山道の高低差が激しく、全山の縦走は体力的に相当の厳しさを伴うので、健脚者向きである。通常は南部の城山《じょうやま》、金山《かなやま》と北部の孔大寺山、湯川山を別々に登山する人が多い。今回は最高峰の孔大寺山から湯川山まで縦走してみよう。

池田《いけだ》バス停から梛野《なぎの》の集落を抜け、登山口の**孔大寺神社遥拝所**へ向かう。遥拝所から灯篭が並ぶ参道を進むと、地元の氏子が寄進した810段の石段がはじまる。登りきると唯一の水場である御手洗《おちょうず》場《ば》があるが、枯れていることが多い。枯れた谷沿いの石段を登ると山頂と孔大寺神社の分岐に出る。

右にわずかに進むと大イチョウが見えて、奥に**孔大寺神社**の社殿が建っている。分岐まで戻り山頂を目指すが、今までのような石段の道は終わり、登山道に変わる。急斜面をジグザグに登っていくと、尾根上の梛野分岐に出る。地蔵《じぞう》峠からの縦走路の合流地点で、左に進むとほどなく**孔大寺山**に着く。山頂にはベンチがあるが、樹林に覆われて展望は期待できない。

縦走は垂見《たるみ》峠の指導標にしたがい、急坂をいっきに下る。緩やかなアップダウンがあって、五位《ごい》の石をすぎて**松尾《まつお》ピーク**に着く。ここから登山道は左に曲がり、転げ落ちそうな急斜面となる。樹木やロープを頼りに下りきると、マテバシイの樹林帯を抜けて国道495号上の**垂見《たるみ》峠**に出る。

■**鉄道・バス**
往路＝JR赤間駅前または東郷駅から鐘崎方面へ行く西鉄バスに乗車し、池田バス停で下車。乗車時間20分。
復路＝門前バス停から西鉄バスで赤間駅または東郷駅へ戻る。乗車時間30分。

■**マイカー**
孔大寺神社遥拝所まで九州自動車道若宮ICから75号経由で約15㌔。遥拝所に駐車スペース3台。垂見峠へは若宮ICから75号経由で国道495号に出て約20㌔。路肩駐車3台程度。湯川山の登山口である承福寺まで古賀ICから国道3号を経由して、69号から502号に入り、約12㌔。承福寺には広い駐車場28台とトイレがある。停められない場合は、道路の行き止まりに20台ほど停められる駐車場がある。

■**登山適期**
新緑の季節と孔大寺神社の大イチョウが色づく秋もいい。大半が照葉樹林のため、むし暑い夏場は避けたい。

■**アドバイス**
▽松尾ピークから垂見峠への下りで、マテバシイの樹林帯付近は迷いやすい。峠付近にある建物を目標に谷沿いに下ると、下りられなくなり苦労することになる。峠は建物より右側になるので、意識して右の稜線沿いに下ること。テープを見落とさない

道路の反対側が湯川山への登山口で、お地蔵さんが祀られている。

樹林の中を登ると、途中からマテバシイの中の急坂の登りとなる。右に**内浦《うちうら》からの登山道が合流**して緩やかな登りとなり、やがて**NTT湯川無線中継所跡**の横に出る。ここから車道を歩いてもよいが、距離が長くなるので左の登山道を歩こう。九電の無線中継所の横で再び車道に合流するが、すぐ登山道に入る。NHKの無線中継所が見えると、**湯川山**山頂は近い。山頂は草原状で樹林に囲まれているが、玄海灘の展望は優れている。

下山は承福寺《しょうふくじ》のある上八《こうじょう》登山口を目指す。西へ続く尾根を下り、弥勒尾《みろくお》の峰をすぎて車道を横切る。畑を抜けると**承福寺**に着く。

CHECK POINT

孔大寺神社遥拝所から続く参道。この先から810段の石段がはじまる

地元の人から崇拝される孔大寺神社。樹林に囲まれて静寂な感じが漂う

樹林に覆われた孔大寺山山頂。以前のような展望はなくなった

国道495号上にある垂見峠の湯川山登山口。ここの路肩に駐車して登ることも可能

湯川山山頂からは玄界灘方面の展望がよい。孔大寺山より展望はすぐれている

湯川山登山口にある承福寺。境内の入口付近にはトイレもある

ように進もう。

■**問合せ先**
宗像市商工観光課☎0940・36・0037、岡垣町産業振興課☎093・282・1211、JR赤間駅☎0940・32・7120、JR東郷駅☎080・7510・2071、西鉄お客さまセンター☎0570・00・1010

■**2万5000分ノ1地形図**
吉木

あとは車道を歩いて**門前《もんぜん》バス停**へ向かう。

（文＋写真＝内田益充）

山麓の山田付近から見た城山（右奥）と金山（左側）

27 城山・金山

照葉樹林の森林浴と、きのこの女王キヌガサタケとの出会いを求めて

じょうやま　369m
かなやま　317m

日帰り

歩行時間＝3時間35分
歩行距離＝7・7km

技術度
体力度

コース定数＝17
標高差＝341m
累積標高差　822m　822m

ウスキヌガサタケは網目状のベールをまとう優美な姿からキノコの女王とよばれる

宗像四塚《むなかたよつづか》連峰の南に位置する城山と金山は、交通の便もよく短時間で登山ができるので、多くの登山者に親しまれている。この縦走コースの魅力は、照葉樹林の中を歩く森林浴と山頂からの展望に加えて、初夏から初秋にかけて生えるキヌガサタケとの出会いがいちばんである。城山は登山道の整備が行き届き、山頂にいたるまで丸木を組んだ階段となっているので、家族連れでも安心して登山が楽しめる。これに対して城山～金山間の縦走路は自然の状態が残っており、行きすぎた整備はされていない。急斜面が多いことから、安全対策としてロープを張る程度の整備にとどめてある。

JR教育大《きょういくだい》前駅から住宅街を抜け、**教育大登山口**へ向かう。登山口には地下水を汲み上げた水場があり、休憩所やトイレも設置してある。水場の横から急斜面に設置された丸木の階段を直登する。途中の自然道コースを見送り、既設道コースをたどると**三郎丸《さぶろうまる》分岐**に着く。三郎丸分岐からはこれまでのような急な登りは少なく、右側の樹間から筑豊《ちくほう》の福智《ふくち》山地が見えると**城山**山頂である。広場になった山頂には灯籠や記念碑があり、一部は樹林にさえぎられるも

■鉄道・バス
往路・復路＝JR教育大前駅が起点となる。登山口まで往復徒歩。

■マイカー
教育大登山口まで九州自動車道若宮ICから75号経由で約11㌔。駐車場は水場の前4台、下の駐車場9台、路肩に3台程度。

■登山適期
キヌガサタケを見る目的であれば、6月下旬から7月の時季に訪れたい。

■アドバイス
▽金山からの下山ルートとしては往路を石峠まで戻り、指導標にしたがって右側の赤間方面へ下山する方法もある。城山に戻るより時間短縮でき、三郎丸登山口に出て県道75号経由でJR教育大前駅まで約50分。
▽夏場の登山は蚊対策として虫除けスプレーなど持参したい。

■問合せ先
宗像市商工観光課☎0940・36・0037、岡垣町産業振興課☎093・282・1211、JR教育大前駅☎080・7510・1537、みなとタクシー☎0940・33・1331

■2万5000分ノ1地形図
筑前東郷・吉木

のの、おおむね展望は良好である。
金山方面へは急斜面をロープで下降する。傾斜がいったん緩くなり、再び下降すると鞍部の**石峠**《いし》に着く。峠からは一転して急坂の登りとなり、緩やかになると**金山南岳**である。展望は西側の宗像市方面は望めるが、東側は樹林に覆われている。続いて、弥勒山《みろくやま》分岐をすぎて稜線を上下すると孔大寺山《こだいしやま》が間近に迫る**金山北岳**に着く。

下山路については、往路を戻ろう。地蔵峠《じぞうとうげ》へ下山するとタクシーをよぶか車道を1時間30分以上歩くことになる。多くの登山者が往路を戻っており、時間的にも早い。

（文＋写真＝内田益充）

石峠へ続く照葉樹林の縦走路

CHECK POINT

1 教育大登山口には、水場のほかにトイレやあずまやも設置されている

2 記念碑や灯篭がある城山山頂。樹木の成長で以前ほどの展望が得られなくなった

3 十字路となっている石峠。下山に利用すれば時間短縮も可能

4 金山北岳の山頂。樹木の成長で孔大寺山の展望が悪くなった

28

山麓に千石峡と笠置ダム公園をもつ山城跡

笠置山

かさぎやま
425m

日帰り

歩行時間＝2時間40分
歩行距離＝7・5㎞

技術度

体力度

コース定数	＝12
標高差	＝386m
累積標高差	↗ 487m
	↘ 487m

笠置ダムから笠置山を望む

笠置山は宮若《みやわか》市と飯塚《いいづか》市の境界上にある。北側の山裾は千石峡《せんごくきょう》とよばれる景勝地で、八木山《やきやま》川が谷を刻み、これを要害の地として山城が築かれていた。一方、南側の飯塚市側は笠置ダム公園として整備されている。この2方向から本丸、二の丸跡、空堀や土塁などの遺構が残る山頂へ登山道がのびている。ここでは千石峡側の周回コースを歩いてみよう。

宮若市宮田と新飯塚を結ぶ宮若市コミュニティバスを**千石峡入口バス停**で降りる。県道471号に入り、**千石公民館**の前にある登山道の標識で左折。沢沿いを進み、上流で渡って左の密生した竹林の山腹をジグザグに抜け、**尾根道**に出る。右は照葉樹、左はヒノキ林の間の道は、**笠置橋からの道と合流**するとアカガシが主体の深い照葉樹の森になる。カゴノキが見られ、カシ類の板根が登山道をはっている。

溝状に掘られた馬落としの遺構をすぎ、石祠のある平坦な二の丸の広場に出る。一度下って登り返すと、南側が開けた本丸の**笠置山**山頂に達する。城跡らしい平坦な山頂からは東南側の展望がよく、英彦山の山並みが遠くに、眼下に笠置ダムが望まれる。

下山は広場の西側に2つの下山路がある。左は相田《あいだ》、笠置ダムへの道で、右側が周回コースの千石峡への道。ロープを伝って下り、スギの美林の中を進む。やがて自然林に入り、谷沿いに下って左岸へ渡る。一度展望が開け、照葉樹の茂る山頂付近が望まれる。ヒノ

■鉄道・バス
往路・復路＝JR福北ゆたか線新飯塚駅から宮若市コミュニティバス30分で、千石峡入口バス停。

■マイカー
九州自動車道若宮ICから県道30号を8・5キロで千石峡入口バス停。県道471号を千石峡へ向かい、道脇が広いところに駐車するか、平瀬橋から上流に何箇所も駐車場がある（無料、トイレあり）。

■登山適期
照葉樹の森には季節感が少なく、いつでも登山可。梅雨時期ならキヌガサタケに出会えるかもしれない。

■アドバイス
▽宮若市宮田に同市社会福祉協議会が運営する所田の湯（☎0949・32・0335）がある。
▽飯塚市幸袋にある炭坑王伊藤伝右衛門の本邸（旧伊藤伝右衛門邸、☎0948・22・9700）が近い。
▽その他に笠置橋コースがある。JR笠置橋バス停から山裾を500メートルほど行くと民家の先で林道が二俣に分岐する。ここに周回コースの標識があり周回できるが、左の西側の道は尾根道の大山登山道に合流するまでややわかりにくい。一方、右の東側の道は標識も踏跡もはっきりしているので、こちらを往復した方が無難だろう。山麓は植林地、中腹は植林地と照葉樹にミズナラなどが散在

↑展望のよい山頂から笠置ダムを見る
←下山後は千石峡の流れに沿って下っていく

CHECK POINT

1 尾根道を進むと左から笠置橋からの道が合流する

2 スギの美林の中を下ると、沢の源流に沿って左岸を下る

3 下山中に笠置山山頂付近を返り見る

4 夏にはにぎわう千石峡キャンプ場。一帯にはトイレや駐車場が多い

キ林に入り、左のシノタケの茂る小沢沿いを下ると、八木山川千石峡の**車道**に出る。下流へと右に進むとバンガローの並ぶ千石峡キャンプ場がある。ここから平瀬橋まではテントサイト、オートキャンプ場、公園が続き、とくに夏季はにぎわう。**平瀬橋**からは県道をとり、**千石峡バス停**に戻る。

（文＋写真＝五十嵐 賢）

し、千石分岐付近から山頂に近づくと照葉樹の深い森となる（往復2時間40分）。

■問合せ先
宮若市役所☎0949・32・0510、飯塚市役所☎0948・22・5500、宮若市コミュニティバス（誠心物流）☎0949・66・4881

■2万5000分ノ1地形図
直方

29 山深い照葉樹林を縦走する玄人好みの縦走路

西山（鮎坂山）・犬鳴山

にしやま（あゆさかやま） 645m
いぬなきやま 584m

日帰り

歩行時間＝6時間15分（犬鳴口へ）、6時間5分（司書橋へ）
歩行距離＝15km（犬鳴口バス停）、12km（司書橋バス停）

技術度
体力度

コース定数＝27

標高差＝560m

累積標高差 ↗1182m ↘997m

犬鳴ダムから犬鳴山を望む

三郡《さんぐん》山地最北端の犬鳴連峰は、低山だが山は深く険しい。犬でさえその険しさのため泣き叫んだという伝説が、山名の由来とか。1等三角点のある西山から犬鳴山の縦走は、地味だが山深い滋味あふれる尾根歩きが楽しめる。

JR古賀駅前から西鉄バスで終点、**薦野《こもの》バス停**下車。そのまま東へ進み、大根川清瀧《きよたき》橋の手前で右折して上流へと舗装林道を登る。右手に**西山登山口**の看板があり、さらに舗装林道を終点広場まで行く。堰堤の下流から左岸に渡り、堰堤を越えて沢沿いの道を進む。水流のない右の沢を詰め、**薦野峠**の十字路に達して西山へと左折。ロープの設置された急斜面を登り、前方に自衛隊の専用道路が見えてきたら右に回りこむ。車道に出たところが**西山（鮎坂山）**。残念だが、30㍍ほど先にある三角点までは入れない。

薦野峠に戻り、犬鳴山へと足をのばそう。この先は右側が照葉樹、左側は植林地の中の道。3番目のピークの先の鞍部に、黒田藩別館の**番兵跡**がある。この先の第5ピークに高圧線鉄塔があり、わずかに展望が得られる。しだいに深い照葉樹の森に入る。**鹿見岐《しかみわか》れ**の峠（第6ピーク）、椿峠から第8ピークをすぎると、ほぼ稜線の東側を巻き、森はさらに深まる。**猪野《いの》越**の先も巻いて進むと、突然視界が開けて新しい**林道に出る**。この林道を鋭角に右折。しばらく行くと林道が登山道を横切るので、その登山道を左へ登る。藤七谷の道を合わせると**犬鳴山（熊ヶ城）**だ。山頂からは西山方面の稜線が見えている。

下山はそのまま進むと、先で左右に分岐する。左のダムへの道をとると、カシの森の尾根道からヒノキの植林地の斜面を下り、鹿ネ

■鉄道・バス
往路＝JR古賀駅から西鉄バス薦野駅（終点、25分）。
復路＝JRバス犬鳴口（または司書橋）からJR博多駅（約1時間）。

■マイカー
往路＝古賀ICからインター入口で右折、新原南口で県道503号、鷺白橋で534号へ。米多比で535号を直進、清瀧橋手前から1・2㌔で車道の広場がある。7・5㌔、20分。
復路＝福岡ICから県道21号新犬鳴トンネルを通り、犬鳴ダムへ。12㌔、約30分。

■登山適期
通年可だが、冬場は避けた方が無難。

■アドバイス
▽マイカー利用の周回なら、犬鳴ダムに駐車して犬鳴川起点（源流）から薦野峠にいたるコースがある。ただしこの道は水害で荒れており、犬鳴川起点のすぐ先で左へ迂回路をとれば第2ピークまで45分。
▽犬鳴山山頂手前から右に藤七谷への分岐があるが、踏跡がわかりにくく一般向きではない。
▽この2山を縦走する場合には、一度犬鳴山からの下山路を事前に確認しておくこと。夕暮れの下山路はとくにわかりづらい。
▽犬鳴御別館とは、幕末の福岡藩の家老・加藤司書が、外国船の攻撃に備えて海岸から離れたこの地に造営

ットの右側を下ればダム湖の堰堤近くの周回道路に出て、**司書橋バス停**に出る。

右の道はカシ、シイの森の尾根道から小さな鞍部に出て、右のヒノキのある小谷に下る。この谷を下ると藤七谷本流に合流して、右岸沿いに滝や堰堤横を下り、2つ目の堰堤の下で左岸へ。旧道に出て左へ下れば、県道21号の**犬鳴口バス停**に出る。

（文＋写真＝五十嵐 賢）

黒田藩御別館跡

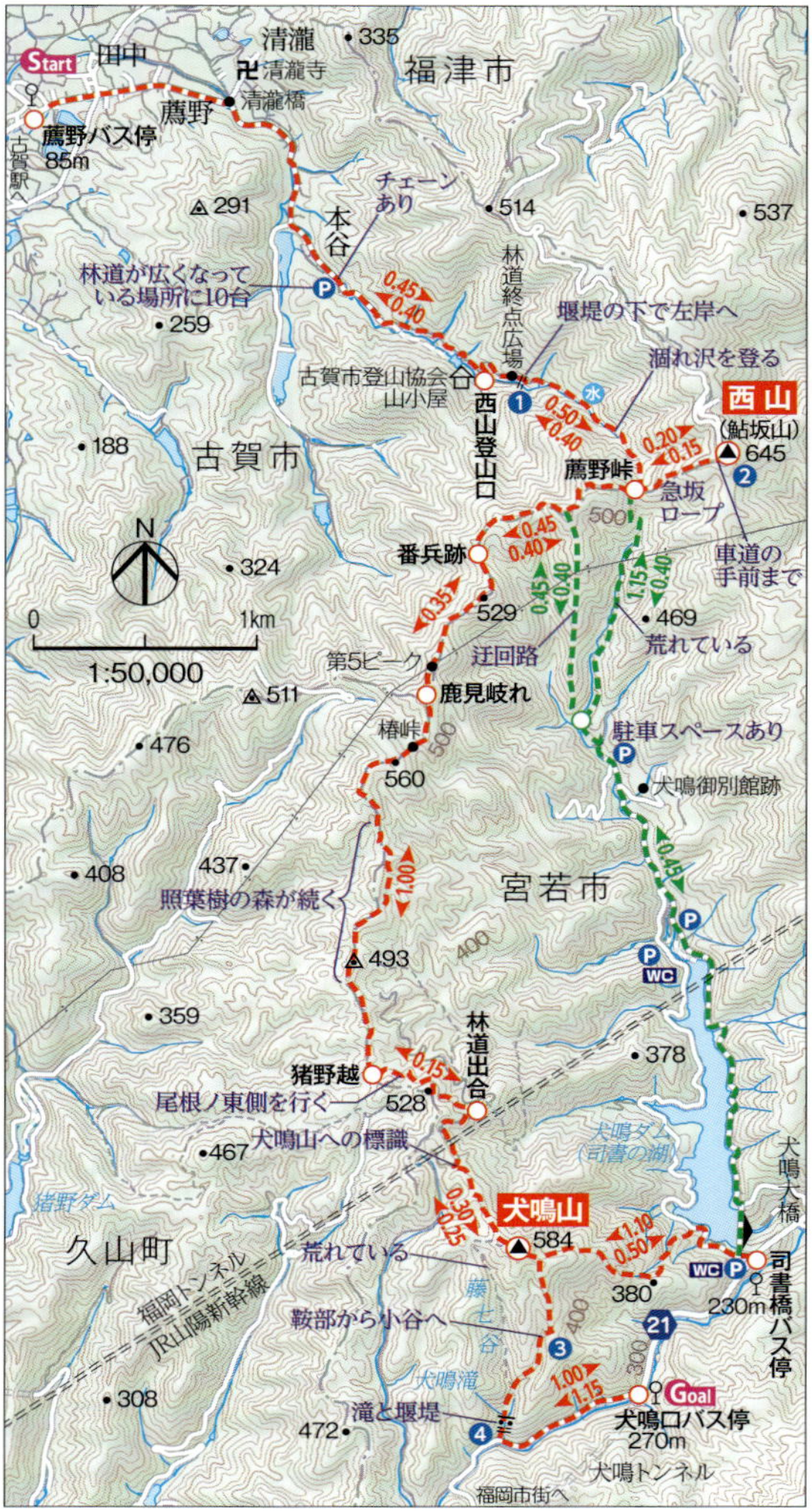

CHECK POINT

林道を進むと堰堤があり、下流を左岸に渡る

1等三角点のある西山（鮎坂山）山頂。残念だがここから先は立ち入り禁止

鞍部で右に下り、ヒノキ林の谷の源流を下ると、水流が現れて本流の藤七谷に出合う

犬鳴滝をすぎて堰堤の下で左岸へ渡る

したかくれ城。この功績をたたえて、犬鳴ダムの愛称や橋などに司書の名がつけられている。

■問合せ先

古賀市役所☎092・942・1111、宮若市役所☎0949・32・0510、古賀市スポーツ協会☎092・944・1825、西鉄バス新宮支社☎092・941・5202、JR九州福岡中部支店☎092・952・0180

■2万5000分ノ1地形図

脇田

30

英彦山、三郡山地の大展望を望む伝説の山

龍王山《りゅうおうざん》

616m

日帰り

歩行時間＝2時間25分
歩行距離＝6・0km

技術度

体力度

コース定数＝11	
標高差＝361m	
累積標高差	↗470m
	↘470m

飯塚市高田付近から見た龍王山、左端が山頂

鎮西八郎為朝の強弓で射られた龍が住んでいたという伝説が、山名の由来という。国道201号は福岡市から東へ進み、霊場の町・篠栗《ささぐり》から高度を上げ標高250～300ﾒｰﾄﾙの八木山《やきやま》高原に達する。冷涼なこの一帯は高原野菜やリンゴなどの果樹栽培が盛んで、福岡市から近いため、ゴルフ場や研修施設の多い保養地となっている。

バス路線が廃止されたため、八木山高原へはJR城戸《きど》南蔵《なんぞう》院前《いんまえ》駅から1時間20分歩くか、タクシーまたは車で行くしかなく、たいへん不便になった。国道が八木山高原に入り、本《ほん》村《むら》集落付近で南に向かう。車道（本村三差路）に大きな看板や標識が並び、ゴルフ場、ユースホステルなどへと案内している。この車道はすぐに**T字路**になり左右に分岐する。左は八木山青年の家（閉館中）登山口、右は西登山口。ここでは左の竜王林道を進み、青年の家からの**登山道**へと右折する。

よく手入れされたスギ、ヒノキの植林地を渓流に沿って進む。**林道**を横切り、山頂の稜線が近づくと右側に水場がある。すぐ上で**頂稜**に達し、左折して先に龍王神社へ向かう。北側は植林地、南側は照葉樹の森で2つ目のピークが**龍王神社**の石祠のある広場だ。雨乞い祈願がされ、別名水祖神社ともいわれるという。

頂稜を戻り、先ほどの**分岐**から

■鉄道・バス

往路・復路＝JR福北ゆたか線城戸南蔵院前駅から歩く場合、国道201号を5・2ｷﾛ、1時間20分で本村三差路。タクシーなら20分。

■マイカー

福岡ICから14ｷﾛ、25分で本村三差路。公共駐車場は八木山花木園のみ。青年の家登山口コースの場合は、竜王林道の道幅が広く住民に迷惑にならないところに路肩駐車する。

■登山適期

初日の出登山に多くの人が訪れる。この場合八木山花木園に駐車して40分で山頂。4月下旬には龍王神社への道にフデリンドウが多い。201号沿いの新吉野公園、八木山展望公園は桜の名所として知られている。それ以外の季節も大差はなく登れる。

■アドバイス

▽本周回コースはよく整備され、標識も大きくわかりやすい。ただ逆コースの場合には、牛舎横の登山道入口付近が夏草でわかりにくいことがある。標識から土手を登り、水道の背後の尾根道に入ると一本道でわかりやすい。下山コースの八木山高原花木園は、昭和57年から広い園内にウメ、アジサイ、ヤマザクラなどが植栽され、龍王山の展望がいい。

▽飯塚市幸袋に筑豊地区の有力な炭坑経営者伊藤伝右衛門の本邸（旧伊藤伝右衛門邸☎0948・22・97

↑若杉山と博多湾遠望
←龍王山山頂からは三郡山地の稜線が近い。左端が主峰・三郡山

すぐに展望が開け**龍王山**山頂に出る。若杉山《わかすぎやま》から三郡山《さんぐんざん》への長い稜線が近くに望まれ、英彦山《ひこさん》の右肩から登る初日の出には多くの人が訪れる。

下山は山頂広場から西に右側の道を下る。展望のない急坂だが、20分ほどで**八木山畜産センター**の牛舎の横に出て車道を下る。近くの**八木山花木《かぼく》園《えん》**に立ち寄って下山しよう。

ゴルフ場に囲まれた道は、千人塚をすぎて**西登山口基点のT字路**に出る。

（文＋写真＝五十嵐 賢）

００）がある。妻となった歌人柳原白蓮は、この本邸で10年間すごした。下山後に飯塚市側に下れば、飯塚市福祉センター伊川の郷（☎０９４８・22・３００７）でラジウム温泉を楽しむことができる

■問合せ先
飯塚市役所☎０９４８・22・５５００、篠栗交通☎０９２・９４７・０００２０

■２万５０００分ノ１地形図
篠栗・飯塚

CHECK POINT

1 上の未舗装林道を横切る

2 下山は龍王山山頂の北端の道を下る

3 牛舎の正面に出て車道を下る

4 牛舎から下の道に出て左折すれば花木園、右折すれば本村へ下れる

31

日帰り

四王寺山（大城山）

日本最古の古代山城遺跡を散策する

しおうじやま・おおぎやま
410m

歩行時間＝4時間15分
歩行距離＝12・2km

技術度 ▲△△△△
体力度 ♥♡♡♡♡

コース定数＝**18**	
標高差＝380m	
累積標高差	↗650m ↘650m

大宰府政庁跡から見上げる四王寺山

かつての古戦場が今はサクラの名所となった岩屋城跡

太宰府《だざいふ》市・大野城《おおのじょう》市・宇美《うみ》町にまたがる丘陵地の大城山（大野山とも）・大原山《おおばるやま》・岩屋山《いわややま》・水瓶山《みずがめやま》を総称して四王寺山とよぶ。山名は、唐・新羅の侵攻に備え大城山に古代山城が築かれたのち、外敵撃退を祈願して四天王を奉納する寺院が建立されたことに由来する。現在は頂陵部まで車道が通る県民の森として整備され、多くの人々が訪れている。今回は大宰府政庁跡を起点に周回してみよう。

西鉄都府楼前《とふろうまえ》駅で降りて、起点の**大宰府政庁跡**を目指す。四王寺山の全容を眺め、西側の道路に出て、元号「令和」ゆかりの坂本八幡神社に立ち寄り、北へ向かう。車道終点から左の舗装道をたどり、古い九州自然歩道の案内板で、右の登山道に取り付く。沢に出ると、**坂本《さかもと》の大石垣**が現れる。急坂をひと登りで頂稜分岐だ。ここは左へ、緩やかな起伏の土塁道をのんびり歩く。坂本口分岐をすぎ、

■**鉄道・バス**
往路・復路＝西鉄大牟田線の都府楼前駅で下車。バスはコミュニティバス「まほろば号」を都府楼前駅から利用できる。

■**マイカー**
大宰府政庁跡駐車場を利用できるが、いつも利用者が多い。

■**登山適期**
通年で楽しめるが、岩屋城跡付近のサクラや県民の森センター付近のツツジが咲く4～5月がとくにおすすめ。また、遠くまで見通しがきく秋もいい。

■**アドバイス**
▽本コースは登山というより、大宰府政庁跡を出て、大野城遺跡の土塁や石垣、また山中の三十三箇所に祀られた石仏をめぐり、先人に思いをはせる散策といえる。
▽国の特別史跡に指定されている大野城跡は、九州の政治の拠点であった大宰府を防衛するために築かれた朝鮮式山城。
▽岩屋城跡は大友軍の勇将高橋紹運が、島津5万の大軍を迎え撃った地としても有名だ。
▽コミュニティバスは太宰府市内を巡回しており、別の観光スポットを訪ねることもできる。
▽帰途、汗を流すにはルートイングランティア（☎092・925・5801）で可能。

尾根の展望台や、その先の**二十八番札所**は展望もよく休憩適地だ。

さらに国分《こくぶ》岐先の二十六番札所を回り、鳥居が見えてくると毘《び》沙門堂《しゃもんどう》に着く。すぐ左が四王寺山地最高峰の**大城山**だ。広い山頂は三角点や境界標があるが、樹木に覆われ暗い。毘沙門堂との中間に戻り、左の人工林を下り、野外音楽堂横で車道を横断する。やがて急下降に変わり、最大の石塁・**百間石垣**が現れる。

車道に下り、左先の車止めから舗装道をたどる。鮎返り滝の先でまた登山道に入る。すぐ上の宇美分岐を右折すると、足もとにはギンリョウソウ育成地が点在する。小石垣《こいしがき》分岐、松川《まつかわ》分岐をすぎて急坂をひと登りで**大原山**《おおばるやま》に着く。樹木に囲まれ展望はない。また土塁をたどり、十四番札所や遠見所で北側を、**焼米《やきごめ》ヶ原《はら》**からは南側の大展望を楽しむ。

車道を渡り、礎石群・鏡ヶ池の先から左への下りにかかる。馬攻めを経て、再び車道を横断すれば**岩屋城跡**に達する。ここでは眼下に起点の大宰府政庁跡が見える。すぐ下の高橋紹運の墓に立ち寄り、右から大木茂る樹林帯を下れば、市民の森を経て車道に出る。民家を抜ければ**大宰府政庁跡**はすぐそこだ。

（文＋写真＝日野和道）

CHECK POINT

古代山城の大野城遺跡のひとつ、坂本の大石垣

ベンチがあり展望もいい休憩ポイントの二十八番札所

土塁にはベンチもあり、筑紫平野の大展望を楽しめる

岩屋城跡のすぐ下にある大友軍の勇将・高橋紹運の墓

■問合せ先

太宰府市役所（コミュニティバスも）☎092・921・2121、県民の森センター☎092・932・7373、西鉄お客さまセンター☎0570・00・1010

■2万5000分ノ1地形図

太宰府

32

信仰の山で展望を楽しむ

大根地山

おおねちやま
652m

日帰り

歩行時間＝2時間10分
歩行距離＝6・1km

技術度 ▲▲▲▲▲
体力度 ●●●●●

コース定数	＝11
標高差	＝462m
累積標高差	↗ 519m ↘ 484m

筑紫野市山家から望む大根地山

筑紫《ちくし》野《の》市と飯塚《いいづか》市の境界にある大根地山には、旧長崎街道の難所・冷水《ひやみず》峠から九州自然歩道が通っている。亀の甲羅状の山容で、ほぼ全山が人工林だが、山頂付近にはアカガシ、スダジイなどの大木がわずかに残る。山頂直下には大根地神社があり、五穀豊穣、商売繁盛、招福除災の守護神とされ、かつては福岡藩主の信仰もあつかったと伝わる。今回は県道65号の香園《こうぞの》バス停を出発して、国道200号の上西山《かみにしやま》バス停へ下りてみよう。

奥の院から大根地神社へと長く続く赤い鳥居

香園バス停先の大根地神社の大きな看板から、参道（九州自然歩道）に入る。橋を渡ると小さな鳥居があるが、これは旧参道だ。竜《たつ》岩《いわ》自然の家で水を確保して、宝満《ほうまん》川《がわ》の先で参道に戻る。やがてゲートを抜け、舗装が切れると、案内板とベンチがある**登山口**に着く。

ここから本格的な登路に入る。木段の急斜面で高度を上げると林道を横切る。さらに急登して石段になると、苔むした鳥居が現れ、扇滝横の荒熊稲荷《あらくまいなり》に着く。支尾根を巻くように進み、クサリが付いた小さな岩場を越え、木段を急登して自然林に変わると、いくぶん広くなった禊場《みそぎば》に出る。さらに奥

■鉄道・バス

往路＝バス利用は西鉄またはJRの各二日市駅から西鉄バス・柚須原行きに乗り、筑紫野バス・香園バス停下車（吉木～柚須原間は筑紫野市が西鉄バスに運行を委託）。便数が極めて少なく、手前の吉木入口バス停を起点にすれば多い（約3キロ）。

復路＝上西山バス停から西鉄大牟田線・筑紫駅への便を利用する。これも便数が少ないので事前に確認して、下山時刻を決めること。

■マイカー

竜岩自然の家に駐車できる。ただし毎水曜は定休日で、利用可能時間帯も決まっているので要注意。

■登山適期

植林帯が多く季節感は乏しいが、展望には秋がおすすめ。

■アドバイス

▽下山も九州自然歩道を歩けるが、舗装路でおもしろ味に欠ける。ただ、旧長崎街道の冷水峠には、今も郡界石や石畳が残る。

山頂直下にある大根地神社

▽大根地神社は、神功皇后が戦勝祈願で、自ら神楽を奉納した。また、甕冠神社は、南北朝時代の武将・菊池武光が大

の院から赤い鳥居をくぐり、石段を登りきると大根地神社だ。東方に古処山《こしょさん》、馬見山《うまみやま》、英彦山《ひこさん》が望まれる。

境内を抜け、**電波反射塔下の広場**を右へひと登りで**大根地山**山頂だ。草地の広い山頂は展望がよく、北に三郡山《さんぐんざん》や筑豊地区、南に砥上《とがみ》岳《だけ》から筑紫平野、耳納《みのう》連山とよく見える。

下山は**広場**に戻り、右方へ緩く進む。やがて尾根筋の急下降に変わり、植林帯になっても急斜面は続く。沢沿いで右からの林道と出合うと、やがて**甕冠《かめかむり》神社**に着く。おいしい水をいただこう。下の車道をたどり、先の分岐を左折して、民家の脇を抜けると国道200号に出る。**上西山バス停**はすぐ下だ。

（文＋写真＝日野和道）

友氏との戦勝を祈願したと伝わる。

▽竜岩自然の家（☎092・921・3455）には、バンガローやテントがあり、事前予約制で通年利用が可能。

▽下山後の入浴は、JR二日市駅近くの二日市温泉がおすすめ。

■**問合せ先**

筑紫野市役所☎092・923・1111、西鉄お客センター☎0570・00・1010、JR九州案内センター☎0570・04・1717

■**2万5000分ノ1地形図**

太宰府

CHECK POINT

竜岩自然の家を流れる宝満川。夏は子どもたちでにぎわう

苔むした荒熊稲荷の鳥居。奥に扇滝が落ちる

大根地神社から望む（手前から）古処山・馬見山、英彦山

広い草地の大根地山山頂（奥は三郡山）

おいしい水がいただける甕冠神社

国道200号沿いの甕冠神社参道標識

33

神功皇后伝説をたどり、山頂の展望を楽しむ

砥上岳

とがみだけ
496m

日帰り

歩行時間＝4時間5分
歩行距離＝13.0km

技術度
体力度

コース定数＝17
標高差＝466m
累積標高差 553m 553m

筑紫野《ちくしの》市から国道386号を朝《あさ》倉《くら》市方面へ向かい、国道200号と交差すると、左手に見える、両裾を長く引いた山が砥上岳だ。筑《ちく》前町《ぜんまち》と筑紫野市との境界にあって、北側は夜須《やす》高原へと続く。筑前町の砥上《とがみ》神社は、地域の郷社で神功皇后伝説が伝わる。ここの地名は、新羅出兵の折り、兵士の刀を研ぎ、磨かせたことに由来するとされる。また砥上岳山頂には武《たけ》宮《みや》を祀る石の祠と碑がある。今回はこの砥上神社を起点に周回してみよう。

筑前町の松延池から望む砥上岳

砥上岳山頂から望む筑紫平野と耳納連山

西鉄バスの**石櫃《いしびつ》バス停**から、山側（北）の起点を目指す。**砥上神社**で手を合わせ、西側へ出て県道77号を横断する。農道をたどると、石の標識がある**登山口**に着く。右の植林帯に入り、石畳の登山道を登る。竹林が現れ、観音塚コース分岐をすぎ、先の**林道への分岐**に着く。ここは右へ向かい、ひづめ石を見て登る。やがて平坦になり、沢を渡ると、やや広い窪地の**みそぎの原《はら》**に到着。

また登りとなり、石積みのさやん神を見て、山家《やまえ》分岐をすぎると、自然林に変わる。次にかぶと石を見て、急斜面をひと登りすれば**砥**

■鉄道・バス
往路＝JR鹿児島本線・天拝山駅か西鉄大牟田線・朝倉街道駅で降りて、西鉄バス・朝倉街道バス停で甘木営業所か杷木行きに乗り換え、石櫃バス停で下車。
復路＝篠隈か石櫃バス停から乗車。

■マイカー
砥上神社に4～5台駐車できる。また、曾根田親水公園にも、広い駐車場がある。

■登山適期
低山で健康増進には通年よいが、展望には秋がおすすめ。

■アドバイス
▽帰りは、砥上神社に戻らず、曽根田交差点を直進して、篠隈バス停へ向かうこともできる。
▽山頂の武宮は、神功皇后が新羅出兵のおり、武神・武甕槌神を奉じて武運を祈願して以来、武人から崇拝されたと伝わる。
▽クスッと笑える神功皇后ゆかりの史跡①ひづめ石＝神功皇后が騎乗した馬の蹄の跡。②みそぎの原＝勝利祈願の折り、ここの清水で身を清め、祓いを受けたとされる。③さやん神＝石を積上げ、子孫繁栄の神を祀った。④かぶと石＝この兜を冠ぶって、新羅に遠征したなど。
▽帰途、車で15分の花立山温泉（☎0946・23・0001）に立ち寄れば、汗を流せる。

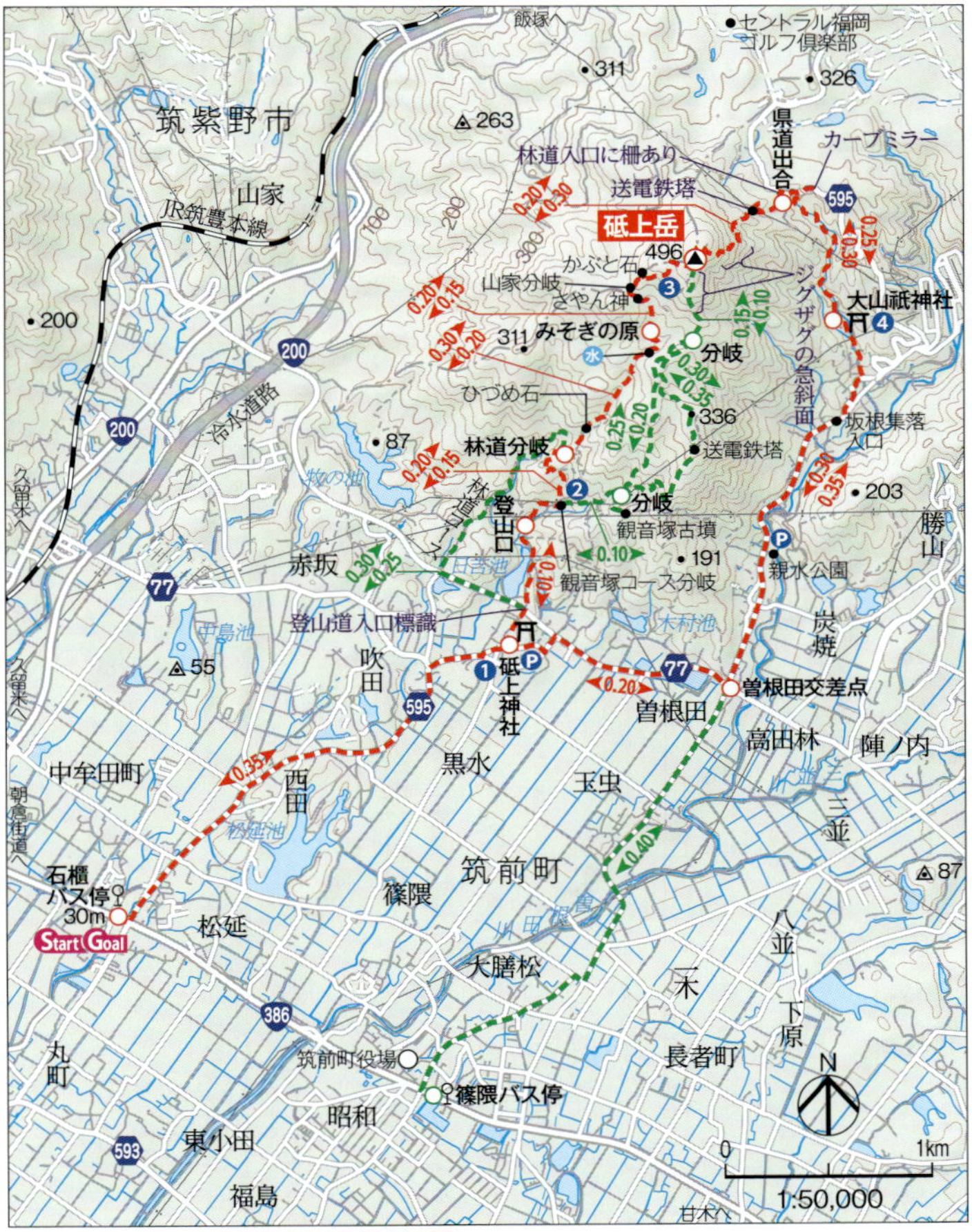

神功皇后がかぶったといわれる「かぶと石」

上岳山頂だ。石祠が祀られ、南側半分に、近隣の山々や筑紫平野の穀倉地帯が望める。

下山は、山頂標識から北側へ尾根を伝い、すぐ右へジグザグに急斜面を下降する。送電鉄塔をすぎると人工林に変わり、もうひと下りで**県道に出る**。右へ200《メートル》ほど進み、カーブミラーのところで鋭角に右折する。沢沿いを徒渉しながら下ると**大山祇《おおやまづみ》神社**に着く。坂根《さかね》集落を抜け、県道595号をたどり、**曽《そ》根田《ねだ》交差点**を経て**砥上神社**に戻る。

（文＋写真＝日野和道）

■問合せ先
筑前町役場☎0946・42・3111、西鉄お客さまセンター☎0570・00・1010、JR九州案内センター☎0570・04・1717

■2万5000分ノ1地形図
二日市・甘木

CHECK POINT

1 神功皇后伝説が伝わる起点の砥上神社

2 山腹にある観音塚古墳（観音塚コース）への分岐

3 もうひと息の南側が開けた山頂直下

4 登山道が終わる坂根集落の大山祇神社

34 大平山・安見ヶ城山

花を楽しみ鳥の声を聞きながら見晴しの頂へ

日帰り

おおひらやま 315m
やすみがじょうやま 300m

歩行時間＝2時間20分
歩行距離＝7・0km

技術度
体力度

コース定数＝10

標高差＝265m

累積標高差 376m 368m

麓から見る大平山

登山口の甘木公園

大平山・安見ヶ城山は、福岡県中央部、朝倉《あさくら》市の市街地に近い里山である。大平山は昔、茅取り場であったが、生活様式の変化で植林され、一時期登山禁止になったこともある。地域の人たちの努力で登山道が拓かれ、現在は麓の甘《あま》木《ぎ》公園から安見ヶ城山にかけて、遊歩道が整備されている。大平山は展望に優れ、安見ヶ城山は尾根上に造られた秋月氏の山城跡で、自然林の山頂は一部が開かれている。市街地に近いこれらの山は市民憩いの場として親しまれ、子供といっしょに楽しめるピクニックの山としても最適である。

登山口の甘木公園は桜の名所として知られ、初夏のころはツツジやショウブ、秋は紅葉、冬にはジュウガツザクラと四季を通して楽しめる。また、ルート沿いには、四季折々に百種を超える花も咲く。

朝倉市役所バス停から、北方向にある甘木公園へ進む。甘木公園の駐車場脇に、大平山登山道の案

■鉄道・バス

往路＝JR鹿児島本線基山駅で隣接する甘木鉄道に乗り換え、終点の甘木駅下車。同駅から、路線バス（甘木観光バス）の甘木市街地循環線右回りに乗り、朝倉市役所バス停で下車。

復路＝甘木観光バス秋月線の下淵バス停から乗車して、甘木鉄道の甘木駅へ。

■マイカー

九州自動車道の鳥栖ジャンクションから大分自動車道に入り、甘木ICで降りる。そのまま直進し、朝倉市役所への標識にしたがって進む。広い駐車場は、市役所の北隣と公園の北側にある。

■登山適期

1～12月。四季を通して、いろいろな花が咲き続ける。

■アドバイス

▽紹介した山々は低山で、遊歩道も整備されている。しかし、途中には急傾斜のところもある。事故防止のためには、登山の装備で登ることをおすすめする。

▽朝倉市にはいろいろな果物や野菜の生産が行われており、直売所や観光農園もある。下山後に時間があれば、立ち寄りたい。

▽立ち寄り湯は、甘木ICに近い卑弥呼ロマンの湯のほかに数箇所がある。

■問合せ先

内板がある。公園の池に沿って右回りに進むと、右側にグラウンドがあり、遊具が見えてくる。グラウンドに沿って進み、大平山登山口の看板があるゲートを通り抜ける。舗装された遊歩道を登ると、やがて櫓がある芝生の展望台に着く。舗装が終わるところにある大平山への道標を見て、未舗装の蛇行する遊歩道を登ると**大平山**の山頂に着く。山頂はあずまやがあって展望に優れ、筑紫平野の先に耳《み》納《のう》連山や宝満山《ほうまんざん》、そして遠くには雲仙《うんぜん》の平成新山《へいせいしんざん》も見える。

大平山山頂から、東方向へ遊歩道を下る。途中の木製の階段を下って、緩やかに登ると**安見ヶ城山**山頂に着く。細長い山頂は直進し、遊歩道に出合って右折する。

木製階段を下り、駐車場への道標に沿って進んでいくと林道に出合う。林道を右折し、道なりに下ると国道322号に出合い、右へ進めばすぐに**下渕**《したぶち》**バス停**に着く。

（文＋写真＝林田勝子＋林田正道）

朝倉市都市計画課☎0946・22・1111、あさくら観光協会☎0946・24・6758、甘木鉄道甘木駅案内センター☎0946・23・1111、甘木観光バス（路線バス）☎0946・24・0023

■2万5000分ノ1地形図
甘木

CHECK POINT

1 甘木公園の北側にある大平山登山口

2 遊歩道を登っていくと、櫓がある芝生の展望台に着く

3 大平山の山頂はコースいちばんの展望地

4 大平山から見る筑紫平野と九千部山・脊振山

5 安見ヶ城山近くの登山道

6 安見ヶ城山からの下山路。林道のT字路を右へ下る

35

関門海峡の大展望と旧陸軍堡塁地跡を見学する

風師山・矢筈山

かざしやま　362m
やはずやま　266m

日帰り

歩行時間＝2時間50分
歩行距離＝8・7km

技術度
体力度

コース定数＝14

標高差＝357m

累積標高差　564m　565m

風頭から関門海峡と巌流島が眼下に見える

北九州市門司《もじ》区から小倉《こくら》北区の関門《かんもん》海峡沿いに連なる山稜は企救《きく》山地とよばれ、北から風師山、戸《と》ノ上山《うえやま》、足立山《あだちやま》と続き、企救自然歩道で結ばれている。風師山の標高はいちばん低いが、展望は三山中で最も優れ、市街地に近いことから手軽に親しめる山である。

ＪＲ門司港駅前から国道3号を福岡方面へ進み、門司税務署の前で左折し、**清滝《きよたき》公園**を目指す。公園の中を抜ける石段を登り、民家の横を通ると2度目の車道に出る。車道を歩いて豊川稲《とよかわいな》荷《り》の鳥居をすぎ、途中の車道分岐を左に進むと無線中継所の建つ展望台に着く。未舗装の林道となり、そのまま進むと右から来た**車道終点**に合流する。企救自然歩道の案内板があり登山道に変わる。しばらく行くと風頭《かざがしら》への分岐を示す指導標があり、右にわずかに行くと**風頭**に着く。眼下に関門海峡と巌流島《がんりゅう》、左には戸ノ上山から足立山、さらに山麓に広がる小倉市街地とすばらしい眺望である。

指導標まで戻り、風師山へ向かう。小森江《こもりえ》方面への分岐をすぎ、ひと登りすると**風師山**に着く。草地の山頂は部分的に灌木が茂っており、風頭ほどの展望はない。

山頂から数分でアンテナが建つ風師南峰に着くが、展望もなく単なる通過点になっている。奥田峠《おくだ》の分岐から右折し矢筈山を目指す。

樹林の中を下って小森江への分岐をすぎ、丸木段の急坂を登ると林道に出る。林道をたどると矢筈山キャンプ場で、山頂へはキャン

■鉄道・バス
往路・復路＝ＪＲの駅から登山口までは往路、復路ともに徒歩。

■マイカー
北九州都市高速4号の春日ランプから国道3号経由で清滝公園まで約3㌔。大里ランプから国道3号経由で小森江子供のもり公園まで約2㌔。駐車場は清滝公園に約5台。風師山車道終点（企救自然歩道入口）に約8台。小森江子供のもり公園に約10台。いずれの駐車場にもトイレがある。

■登山適期
車道歩きもあるので、梅雨時から真夏は避けたい。展望に期待するなら空気の澄んだ秋以降を選びたい。

■アドバイス
▽遠方からマイカーで来る場合は、門司港駅や小森江駅付近の有料駐車場を利用する方法もある。

■問合せ先
北九州市門司区総務企画課☎093・331・0039、ＪＲ門司港駅☎093・321・8843、ＪＲ小森江駅☎093・381・7175、矢筈山キャンプ場☎093・371・1490

■2万5000分ノ1地形図
下関・小倉

プ場の左側から遊歩道を進む。**矢筈山**山頂は広場になっているが、展望がない。キャンプ場の展望台からの展望が優れている。

帰路はキャンプ場から林道を下ると車止めのゲートがあり、そこから舗装された車道となる。車道を下り**小森江子供のもり公園**をすぎ、まっすぐ行くと小森江口に出る。国道3号を左折し**JR小森江駅**へ向かう。

（文＋写真＝内田益充）

小森江子供のもり公園付近から見た風頭（中央）と風師山（右）

CHECK POINT

風師歩道は生活用道路と一体になっている。途中には数軒の民家の玄関がある

風頭は関門海峡の展望が抜群で、槇有恒氏の記念碑が建っている

草原状の風師山山頂は部分的に灌木が茂り、風頭ほどの展望は得られない

矢筈山の山頂一帯はキャンプ場になっていて、旧陸軍の堡塁跡地が残っている

36

戸ノ上山・足立山①

展望を求めて主峰の二山を縦走する

日帰り

歩行時間＝5時間5分
歩行距離＝11・2km

技術度
体力度

とのうえやま　518m
あだちやま　598m

縦走コース

コース定数＝23
標高差＝548m
累積標高差 1032m 1067m

戸ノ上山は企救《きく》山地第二の高峰で、北の風師山《かざしやま》と南の足立山との中間に位置している。弘法大師(空海)が関門《かんもん》海峡通過の際に、戸ノ上山山頂に霊感を感じて山に分け入り、七日七夜お経を唱えたといわれる伝説が残っている。ここでは、展望に恵まれて人気の高い戸ノ上山と足立山の縦走コースを紹介する。

寺内《じない》バス停から進行方向に10メートルほど行くと、右手に寺内登山口がある。企救自然歩道の標識が目印である。民家の間を抜けて砂防ダムをすぎると、企救自然歩道の案内板があり**大久《おお く》保《ぼ》方面からの登山道が合流**する。はじめは緩やかな登りであるが、徐々に傾斜が強くなり急斜面は丸木段で整備されている。急な登りが終わると、再び緩やかな道となり、やがて戸ノ上神社上宮の建つ**戸ノ上山**山頂に着く。奥にある上宮は樹林に囲まれているが、4等三角点と標識のある広場からは関門海峡の眺めがよい。

適度に休憩したら、標識に沿って足立山への縦走路に進む。樹林帯の下りが終わり、前方が開けてくると足立山が姿を現わす。**大台《おおだい》ヶ原《はら》**の草原越しに見る足立山の山容は、均整がとれて美しく盟主とよぶに相応しい。大台ヶ原は縦走路中いちばんの展望を誇る絶景ポイントで、ベンチやテーブルが設置され、長時間の休憩や昼食には最適の場所である。

桃山《ももやま》登山口の分岐をすぎると、

■**鉄道・バス**
往路＝起点となる寺内バス停へは、JR門司駅前から西鉄バスで10分。
復路＝下山口の黒原1丁目からは、西鉄バスでJR小倉駅前へ15分。

■**マイカー**
縦走のためマイカーは適さない。戸ノ上山方面の登山口には駐車場がなく、下山口である足立山妙見宮も参詣者用の駐車場しかない。

■**登山適期**
新緑の季節と関門海峡の展望に期待するなら空気の澄んだ秋以降がベスト。照葉樹林が多いため梅雨や真夏は避けたい。

大台ヶ原から見上げる戸ノ上山

大台ヶ原からは眼下に関門海峡を眺めることができる

戸ノ上山方面から見た大台ヶ原の草原と足立山

縦走路は樹林帯に入り、軽いアップダウンを繰り返していく。吉志《きし》分岐を通過してから急坂を登りきると、**沼《ぬま》分岐**に着く。展望が開け、ベンチもあって、縦走路の中間地点なので休憩したい。

高蔵山《たかくらやま》森林公園の分岐をすぎると急斜面の登りが待っている。辛い丸木段の急斜面がしばらく続くが、ロープを伝って登りきると足立山の山頂は近い。

足立山山頂で展望を楽しんだら、下山口の足立山 妙見宮《みょうけんぐう》を目指そう。丸木段の急斜面を下りきると**妙見宮上宮と小文字山《こもんじやま》方面への分岐**である。左折して緩やかに下っていき、**砲台山《ほうだいさん》との分岐**に着く。直進すると**砲台山**で、妙見宮へは右折して、途中から赤土混じりの急斜面をジグザグに下っていく。**妙見宮**からは車道をたどって**黒原《くろばる》1丁目のバス停**へ向かう。

（文＋写真＝内田益充）

CHECK POINT

企救自然歩道の標識がある寺内登山口。標識を見落とさないようにしたい

ベンチやテーブルがある大台ヶ原は、縦走路いちばんの展望台

桃山登山道への分岐。右に下ると戸ノ上山の登山口である桃山登山口に出る

縦走路の途中にある沼分岐付近からも関門海峡の眺めがよい

展望良好の足立山山頂にはテーブルやベンチがある

下山口の足立山妙見宮。和気清麻呂公の伝説が残る

＊コース図は100ジ゙を参照。

■アドバイス

▽マイカー利用の場合は、登山口付近に駐車場がないので、小倉駅や門司駅付近の有料駐車場を利用し、交通機関に乗り換える方法もある。

■問合せ先

北九州市建設局緑政課☎093・582・2466、北九州市産業経済局農林課☎093・582・2078、西鉄お客さまセンター☎0570・00・1010、JR小倉駅☎093・521・0052、JR門司駅☎093・381・0496

■2万5000分ノ1地形図

小倉

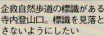

足立山山頂からは関門海峡の眺めがよい

37

関門海峡の展望を楽しむミニ縦走コース

足立山②・小文字山

日帰り

歩行時間＝3時間35分
歩行距離＝6・9km

技術度
体力度

あだちやま 598m
こもんじやま 366m

コース定数＝16
標高差＝583m
累積標高差 717m 692m

足立山は企救《きく》山地の最高峰で、豊かな自然は渡り鳥の休息地として知られ、野鳥の宝庫となっている。足立山森林公園は野鳥、樹木の観察者も多く、遊歩道は登山道と競合する箇所もあり、多くの人に親しまれている。山名は奈良時代の廷臣・和気清麻呂公がこの地の山麓にいたり、霊泉で足の治療をしたところ、たちまちに足が立ったことに由来する。別名「霧ヶ岳」ともいわれている。ここでは最も親しまれている足立山妙見《みょうけん》宮《ぐう》を起点とし、小文字山へ縦走するコースを紹介する。

黒原《くろばる》1丁目バス停から、車道を足立山妙見宮へ向かう。登山道は**足立山妙見宮**の左奥にあり、企救自然歩道の妙見山登山口の表示とイノシシに乗った和気清麻呂公像が目印となっている。登りはじめは直線の急な登りが続き、途中からジグザグの登りとなり、勾配が緩やかになるとまもなく足立山と砲台山《ほうだいさん》の**分岐**に出る。右に進むと平らな**砲台山**の山頂である。振り返ると足立山が間近に見えている。

砲台山から**分岐**まで戻り、足立山へ向かう。右下に祠のある水場をすぎると**妙見宮上宮と足立山の分岐**に着く。足立山へは丸木段の急坂を登る。1等三角点がある**足立山**の山頂にはベンチやテーブルが設置されていて、関門海峡の展

■**鉄道・バス**
往路＝起点となる黒原1丁目へは、JR小倉駅前から西鉄バスで15分。
復路＝西鉄バスでJR小倉駅前まで15分。大谷池から直接小倉駅へ行く便数は少ないので、黒原1丁目で乗り換えるとよい。

■**マイカー**
北九州都市高速4号の足立ランプから264号経由で小文字登山口まで約3㌔。小文字山登山口にトイレと駐車場がある。11台駐車可能。足立妙見宮には参詣者用の駐車場しかなく、駐車の場合は社務所に相談のこと。

■**登山適期**
新緑の季節と関門海峡の展望に期待するなら、空気の澄んだ秋以降がベスト。照葉樹林が多いため梅雨や真夏は避けたい。

■**アドバイス**
マイカー利用の場合は、登山口付近に駐車場が少ないので、小倉駅や門司駅付近の有料駐車場を利用し、交通機関に乗り換える方法もある。

■**問合せ先**
北九州市建設局緑政課☎093・582・2466、北九州市産業経済局農林課☎093・582・2078、西鉄お客さまセンター☎0570・00・1010、JR小倉駅☎093・521・0052、JR門司駅☎093・381・0496

砲台山山頂から見た足立山

小文字山への稜線からから足立山を振り返る

望がよい。

展望を楽しんだら、**妙見宮上宮の分岐**まで戻り、小文字山を目指す。100㍍ほど進むと、左側に妙見宮上宮があるので立ち寄ってみよう。地図上の妙見山の標識はないが、上宮の奥が最も高い。

小文字山へは樹林帯の急斜面を下り、前方が開けると防火帯が現れる。防火帯の急斜面を登ると展望のよい433㍍のピークで、ここから先は稜線のアップダウンを繰り返して、大展望の**小文字山**に着く。

展望を楽しんだら小文字山登山口（メモリアルクロス）を目指す。照葉樹林の登山道は急坂であるが、丸木段などで整備されている。**小文字山登山口**からは車道を伝い**大谷池**《おおたにいけ》**バス停**に向かう。

（文＋写真＝内田益充）

■2万5000分ノ1地形図
小倉

CHECK POINT

1 和気清麻呂公の像が自然歩道入口になっている。赤土混じりの登山道がはじまる

2 草原状の砲台山山頂は、かつて高射砲陣地があった場所

3 妙見宮上宮の分岐。上宮と足立山と小文字山への分岐になっている

4 足立山山頂にはテーブルやベンチがあり、関門海峡の展望がよい

5 小文字山の山頂にもテーブルやベンチがあり、足立山以上の展望を誇る

6 小文字山登山口は、足立山森林公園の散策路も兼ねている

＊コース図は100㌻を参照。

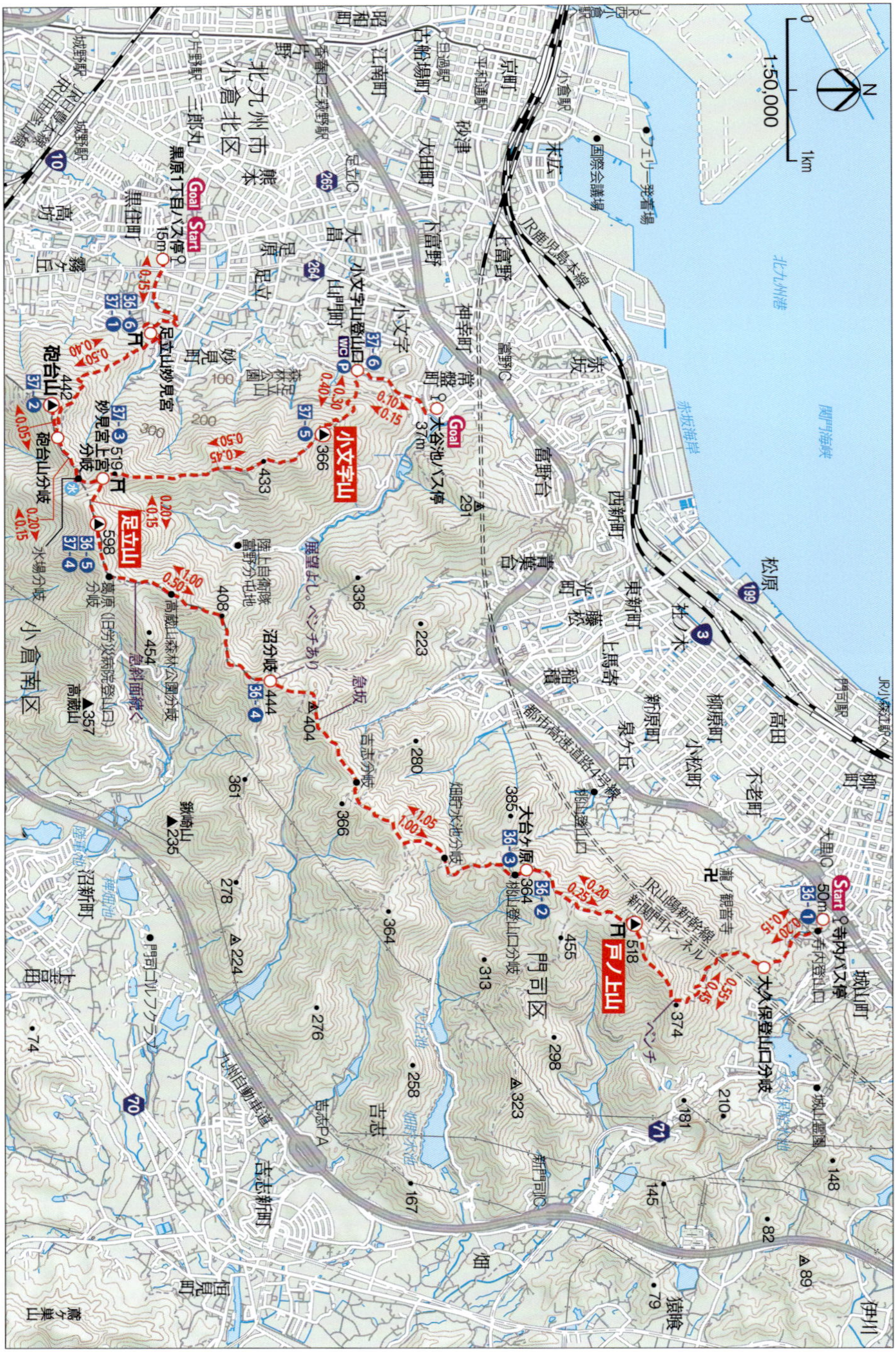

1:50,000
0
1km
N
北九州港
関門海峡
赤坂海岸
JR鹿児島本線
北九州市
小倉北区
小倉南区
門司区
足立山
小文字山
戸ノ上山
砲台山
Start
Goal
黒原1丁目バス停
15m
寺内バス停
50m
大谷池バス停
37m
足立山妙見宮
妙見宮上宮分岐
519
598
442
366
518
444
408
433
454
沼分岐
葛原分岐
水場分岐
砲台山分岐
高蔵山森林公園分岐
大台ヶ原
364
385
大久保登山口分岐
小文字山登山口
吉志分岐
展望よし。ベンチあり
ベンチ
急斜面続く
高蔵山
▲357
鋤崎山
▲235
374
455
323
313
298
276
258
224
278
361
336
223
280
291
黒住町
霧ヶ丘
富野台
青葉台
藤松
稲積
東新町
西新町
松原
柳原町
小松町
不老町
高田
伊川
吉志
吉志新町
上吉田
沼新町
恒見町
猿喰
九州自動車道
都市高速道路4号線
JR山陽新幹線
新関門トンネル
門司ゴルフクラブ
フェリー発着場
国際会議場

38

日帰り

湿原から主峰貫山を経てピナクルが美しい大平山へ

貫山・大平山（平尾台北部）

ぬきさん 712m
おおへらやま 587m
（ひらおだいほくぶ）

歩行時間＝3時間15分
歩行距離＝8・5km

技術度 ■□□□□
体力度 ■□□□□

コース定数＝14

標高差＝352m

累積標高差 ↗538m ↘523m

平尾台南部から見る夏の貫山

貫山からの北九州方面を見る。左奥は足立山、右奥は周防灘

平尾台は四国カルストや山口県の秋吉台《あきよしだい》とともに、日本3大カルストのひとつである。南北6・3キロ、東西2・7キロの楕円形で、面積は1400ヘクタールにおよぶ。標高は350～680メートルほどで、ピナクルやドリーネ、それに鍾乳洞など、特徴的な地形をしており、湿原も形成されている。また、植物の種類も多く、春から秋にかけて咲くさまざまな花や、輝くススキの原を求めて訪れる登山者も多い。平尾台からは縄文時代の土器が出土し、洞窟からはナウマン象やオオカミなどの化石が発見され、国の天然記念物や国定公園、それに県立自然公園にも指定されている。貫山地の主峰・貫山は、平尾台の北端に接する。

■鉄道・バス

往路＝JR鹿児島本線小倉駅から、西鉄バスに乗り換え中谷バス停で下車。そこから、乗り合いタクシーのお出かけ交通で平尾台自然観察センターまで行く。

復路＝吹上峠に下山した場合は、そこからおでかけ交通に乗る。なお、おでかけ交通の営業期間は、例年3月下旬から11月末（事前に確認のこと）。

■マイカー

九州自動車道の小倉南ICで（田川・香春方面へ）降りる。国道322号を進み、平尾台入口交差点を左折。そこから県道28号を進んで、平尾台自然観察センターへ。

■登山適期

1～12月。おすすめは、早春からススキの穂が光る秋にかけて。この時期は、色とりどりの花が咲き続ける。ただし、平尾台は日陰がほとんどないので、夏は充分な日よけと熱中症の予防対策が必要。

■アドバイス

次項㊴三笠台・周防台を参照。

■問合せ先

北九州市総合観光案内所☎093・541・4189、平尾台自然観察センター☎093・453・3737、平尾台自然の郷☎093・452・2715、JR九州案内センター☎0570・04・1717、西鉄平尾台北部はピナクルの密度が高く、カルスト地形のすばらしい風景が広がる。ルートは湿原から主峰の貫山、大平山を経て吹上峠にいたる花の道でもある。

平尾台自然観察センターバス停から**見晴台**を経て、茶《ちゃ》ヶ床《とこ》園地まで車道を歩く。**茶ヶ床園地**は、あずまやとトイレがある休憩ポイントであり、見晴らしもよい。茶ヶ床園地から色々な花が続く舗装道路を進み、**中峠**を経て**広谷湿原**へ。湿原では、初夏から真夏にかけてトキソウやノハナショウブ、サギソウなどの花が咲く。

湿原から舗装道路まで引き返し、右方向へ600《メートル》ほど進んだところから左折する。未舗装の林道を道なりに進むと、四《し》方台《ほうだい》と貫山の鞍部、**貫山分岐**に着く。ここから、貫山への急坂を登る。**貫山**からの展望は雄大で、周防灘《すおうなだ》や国東《くにさき》半島、それに由布岳《ゆふだけ》を望むことができる。

山頂から往路を引き返し、先ほどの林道を横断して緩やかに登ると**四方台**に着く。このあたりから先は春から秋にかけて、カノコソウやノヒメユリ、それに、キキョウやオミナエシなどの花が続く。巨大なドリーネや石灰岩の台地を眺めながら、いったん下って登り返すと**大平山**に着く。

大平山の南東斜面は、羊群原とよばれるところである。緑の草原にたくさんのヒツジが群れているように見えるので、ゆっくり眺めたい。大平山から南西方向へ進み、やがて急坂を下ると、下山口の**吹《ふき》上《あげ》峠バス停**に着く。

（文＋写真＝林田勝子＋林田正道）

中峠付近から見る早春の大平山

バス小倉自動車営業所☎093・521・4339、おでかけ交通☎093・452・0302

■**2万5000分ノ1地形図**

苅田・行橋

CHECK POINT

1 茶ヶ床園地。平尾台の大パノラマが広がる

2 広谷湿原。初夏のころからさまざまな花が咲く

3 展望に恵まれた貫山山頂。ゆっくり休んでいこう

4 四方台付近からの眺め。大きなドリーネと右奥は大平山

5 大小のピナクルがたくさんある大平山山頂

6 吹上峠登山口近くには石仏が祀られている

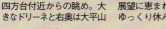

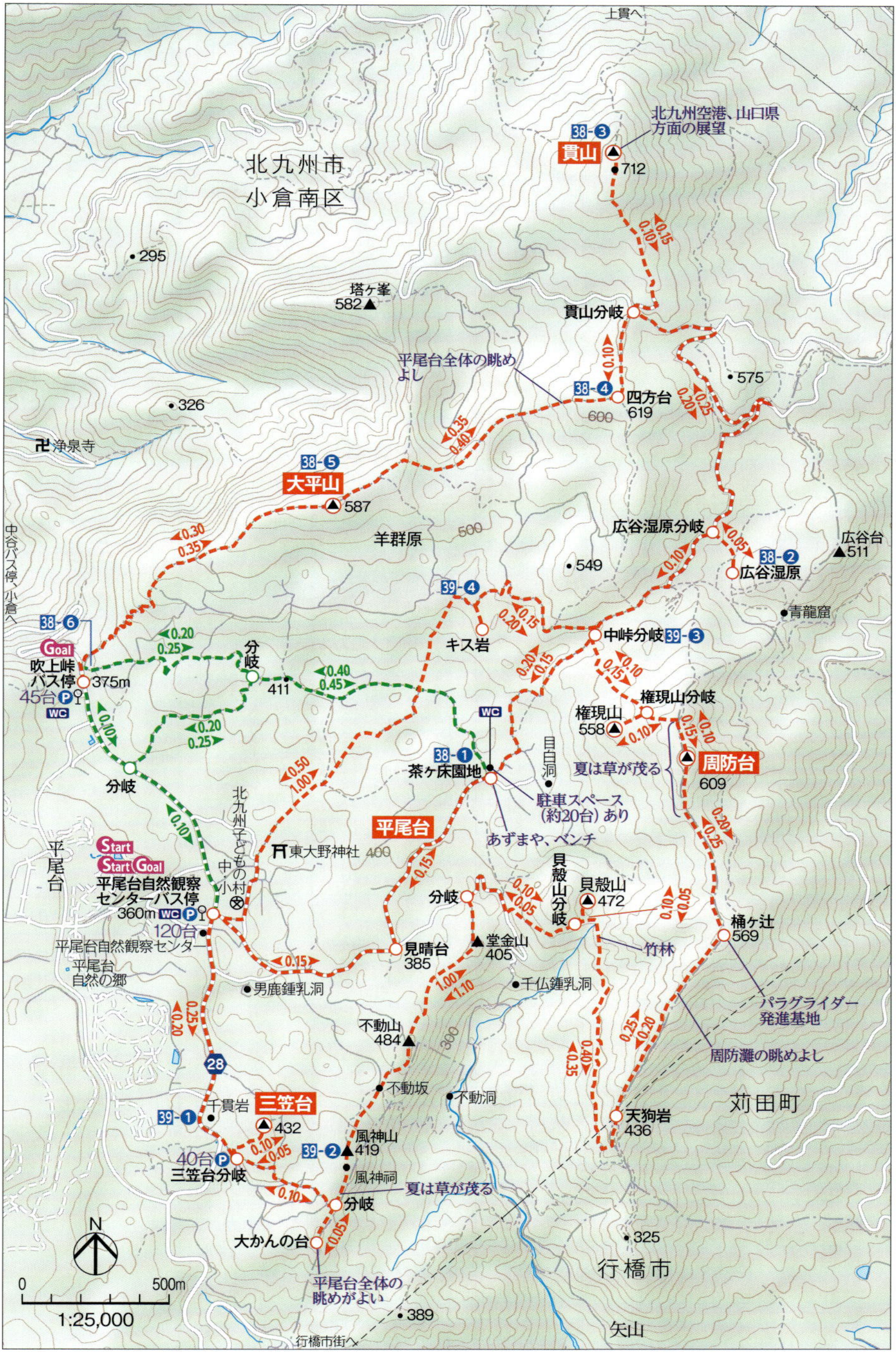
上貫へ
北九州空港、山口県方面の展望
38-3
貫山
712
北九州市
小倉南区
0.10
0.15
295
塔ヶ峯
582
貫山分岐
0.10
平尾台全体の眺めよし
575
38-4
四方台
619
600
0.20
0.25
326
0.35
0.40
卍浄泉寺
38-5
大平山
587
中谷バス停、小倉へ
0.30
0.35
羊群原
500
広谷湿原分岐
0.05
38-2
広谷湿原
広谷台
511
549
0.10
39-4
0.15
0.20
青龍窟
38-6
Goal
吹上峠バス停
375m
45台
WC
0.20
0.25
分岐
411
0.40
0.45
キス岩
中峠分岐
39-3
0.20
0.15
0.15
0.10
権現山分岐
権現山
558
0.10
0.15
0.10
0.10
0.20
0.25
分岐
0.50
1.00
WC
38-1
茶ヶ床園地
目白洞
夏は草が茂る
周防台
609
駐車スペース（約20台）あり
0.10
北九州子どもの村中小
あずまや、ベンチ
平尾台
0.20
0.25
平尾台
Start
Start Goal
平尾台自然観察センターバス停
360m
WC
120台
平尾台自然観察センター
平尾台自然の郷
東大野神社
400
0.15
分岐
0.10
0.05
貝殻山分岐
貝殻山
472
0.10
0.05
桶ヶ辻
569
堂金山
405
竹林
0.15
見晴台
385
男鹿鍾乳洞
1.00
1.10
千仏鍾乳洞
パラグライダー発進基地
0.25
0.20
不動山
484
300
0.25
0.20
周防灘の眺めよし
0.40
0.35
28
不動坂
不動洞
苅田町
39-1
千貫岩
三笠台
432
天狗岩
436
0.10
0.05
39-2
風神山
419
40台
三笠台分岐
風神祠
夏は草が茂る
0.10
分岐
0.05
大かんの台
325
N
0
500m
1:25,000
平尾台全体の眺めがよい
行橋市
389
矢山
行橋市街へ

39

花咲く平尾台をめぐり、周防灘の大展望を楽しむ

三笠台・周防台（平尾台南部）

みかさだい 432m
すおうだい 609m
ひらおだいなんぶ

日帰り

歩行時間＝5時間40分
歩行距離＝9・4km

技術度

体力度

コース定数＝**19**

標高差＝249m

累積標高差 590m 590m

桶ヶ辻から見る夏の周防台

平尾台南部は北部に比べ、露出した石灰岩のピナクルは少なめで、草原の台地という風景が広がっている。

緑のカルスト台地や周防灘《すおうなだ》を眺めながら、季節によりいろいろな花が咲く9座をめぐるこのコースは緩やかな起伏をいくつも越え、そのたびに変わる平尾台の風景もまた趣がある。

平尾台自然観察センターから、県道28号を進んで三笠台《みかさだい》へ向かう。大きな石灰岩の千《せん》貫岩《がんいわ》を左に見て、その先で左へ**分岐**する農道に入る。三笠台への道標のところから左へ徒歩道を登る。**三笠台**の頂は見通しがよく、これからめぐる全山が見える。

先ほどの**分岐**まで引き返し、農道を左へ進み徒歩道に入って**大かんの台**の頂へ。大かんの台の由来は、「展望がよい高台」。由来の通りに山頂は見晴らしがよく、東方向には天狗岩から周防台への稜線が横たわる。目線を北に移せば、最高峰の貫山や露出する石灰岩が美しい大平山《おおへらやま》も見える。

大かんの台から堂金山《どうきんざん》にかけては、右側が切れ落ちた縁に沿うように進む。風神山《ふうじんさん》山頂の手前には風神祠があり、強い風から農作物などを守る神として信仰をされてきたのであろう。風神山の山頂から不動坂《ふどうざか》へ下り、緩やかに登ると不動山《ふどうやま》に着く。さらに進み、堂金山のすぐ手前で左への分岐を確認して山頂へ。

堂金山からは貝殻山《かいがらやま》が近くに見える。堂金山から手前の分岐まで引き返し、舗装された車道に出て**分岐**を右折。千仏《せんぶつ》鍾乳洞方向に進

■**鉄道・バス**

㊳貫山・大平山を参照。

■**マイカー**

㊳貫山・大平山を参照。

■**登山適期**

㊳貫山・大平山を参照。

■**アドバイス**

▽平尾台の広い草原でガスが発生したときは、進行方向がわかりづらくなる。また、平尾台南部は、北部に比べて道標が少ない。

▽平尾台は、毎年2月に野焼きが行われている。野焼きの日は、入山禁止になるので事前に確認のこと。

▽野焼き後の平尾台は6月ごろから夏草が茂り、ルートの一部で踏跡が見えにくく、歩きづらくなるところもある。とくに南部はこの傾向が強いので注意する。しかし、9月になるとルートの多くが重なる防火帯の草刈りが行われ、歩きやすくなる。このような情況なので地形図とコンパスは必携であり、経験者との同行をおすすめする。また、ルートの一部は農道を通るので、農作業に支障がないよう留意する。

▽平尾台自然観察センターは、平尾台のなりたちや自然を学ぶことができ、その時期に咲いている花などの情報も得ることができる。

▽平尾台自然の郷では自然体験の催しなどが行われており、みやげ物なども購入できる。

み、樹林の手前で左折して貝殻山へ通じる徒歩道に入る。しばらく登り、左へ**分岐**する踏跡をたどると、ほどなく**貝殻山**の頂に着く。ここからは、これまで歩いてきた三笠台から堂金山にかけての山々が見える。

貝殻山の山頂から踏跡を戻って左へ進む。次に出合う谷筋の三差路を右へとり、天狗岩へ向かう。竹林を抜けると視界が開け、尾根に出合って左へ鋭角に登ると、空に突き出したような**天狗岩**が近くに見える。その横を通って桶《おけ》ヶ辻《つじ》の山頂へ。ここはパラグライダーの発進基地にもなっていて見晴らしがよく、すぐ下の田園地帯の先には周防灘が広がる。

桶ヶ辻から下って登り返すと、ルート中の最高峰、**周防台**に着く。権現山《ごんげんやま》を左下に見て北西へ進み、左へ分岐する徒歩道を下る。途中から左へ**分岐**する徒歩道をいったん下って登り返すと、**権現山**の頂に着く。権現山から先ほどの**分岐**へ戻り、**中峠**《なかとうげ》へ下る。車道に出て右へ50メートルほど進み、大平山への道標に沿って左折し、キス岩へ向かう。途中で農道を左折。やがて、キス岩の道標に出合い、左折して進むと左前方にそれとわかる微笑ましい**キス岩**が見えてくる。

先ほどの道標まで引き返して農道を進み、左折して徒歩道を下る。やがて、農道を横断して前方の人工林の中から神社の横を通り、集落に出て出発地の**平尾台自然観察センター**に戻る。

（文＋写真＝林田正道＋林田勝子）

周防台付近から見る冬の桶ヶ辻

CHECK POINT

平尾台最大の円頂ピナクルである千貫岩は、県道28号沿いの左側にある

風神祠は風神山山頂の手前、石灰岩の上に建てられている

中峠手前の分岐。大平山方向を示す標柱を確認して左へ分岐する農道へ進む

キス岩分岐。「九州自然歩道」の標識を左折。直進すれば大平山方面へ

＊コース図は103ページを参照。

平尾台で見られる花

シラン
5月中旬～6月上旬

カセンソウ
7～8月

カキラン
6月中旬～7月上旬

ノヒメユリ
7月下旬～8月下旬

ヌマトラノオ
7月

キキョウ
7月下旬～8月下旬

▽平尾台には200を超える洞窟があるといわれ、手軽に観光できる鍾乳洞も複数整備されている。

■問合せ先
前項㊳貫山・大平山を参照。

■2万5000分ノ1地形図
苅田・行橋

40

古代山城跡と軍師官兵衛の居城を結ぶミニ縦走

御所ヶ岳・馬ヶ岳

ごしょがたけ　247m
うまがたけ　216m

日帰り

歩行時間＝3時間
歩行距離＝7・4km

技術度
体力度

佐賀・福岡県にまたがる基山《きやま》には基肄城《きいじょう》、太宰府《だざいふ》市と大野城《おおのじょう》市にまたがって大野城という山城があった。どちらにも土塁や礎石、水門、城門跡などが残っている。いずれも7世紀後半に唐、新羅の侵攻に備えて造られた防衛の拠点であった。

この二城以外にも対馬から北部九州、瀬戸内海を通って大和朝廷まで急を告げる拠点があったという。そのひとつが周囲3キロにおよぶ御所ヶ谷神籠石《こうごいし》という列石に囲まれた、山城・御所ヶ岳だ。一方、東の峰続きにある馬ヶ岳は10世紀から17世紀まで続いた山城があったといわれており、戦国時代の知将・黒田官兵衛の居城だった。最近の官兵衛人気のため駐車場や登山道、山頂一帯が整備され、展望抜群のこの山を訪れる人は多い。

津積《つづみ》バス停から標識にしたがって南に進む。山際に**住吉池公園**があり、回りこんで進むと車道は終点になる。御所ヶ谷の小沢沿いを進むと、大きな神籠石、**中の門**が谷をふさいでいる。上部で右の尾根に取り付き、景行《けいこう》神社、奥の院から**頂稜**に達する。この頂稜を東に植林地の中を進むと展望のいい岩場、そして**御所ヶ岳**に達する。この間の標識には御所ヶ岳ではな

りっぱな石塁に水門のある御所ヶ谷神籠石中門

二の丸から眼下の行橋側を見る

コース定数	＝**12**
標高差	＝232m
累積標高差	↗ 425m ↘ 426m

■鉄道・バス
往路＝JR行橋駅から太陽交通バスの宮の杜、勝山新町線で津積バス停（約20分）。
復路＝西谷～JR行橋駅（約19分）。

■マイカー
御所ヶ岳側へは東九州自動車道行橋ICより15分で御所ヶ谷住吉池公園駐車場（トイレあり）。馬ヶ岳側は西谷駐車場、大谷臨時駐車場（トイレあり）。いずれも行橋ICより15分。

■登山適期
通年可能。

■アドバイス
▽ファミリー登山なら馬ヶ岳往復がおすすめ。御所ヶ岳側はいくつかのコースがあるが、稜線直下と馬ヶ岳への鞍部への下りが急坂。
▽この二山は、時代は違っていてもいずれも山城跡、古代史ファンなら謎の残る神籠石に囲まれた御所ヶ岳に興味をもたれるだろうし、700年の歴史をもち、戦国時代の軍師黒田官兵衛ファンなら馬ヶ岳への興味がつきないだろう。地理的にも大宰府と朝廷を結ぶ要衝の地で、海路への出入口に位置している。単なる里山歩きとは異なり、歴史の重みを感じる低山のミニ縦走といえるだろう。
▽山中の標識は随所にあるが、御所ヶ岳はホトギ山と表示されている。ホトギとは土器のことではないかといわれている。

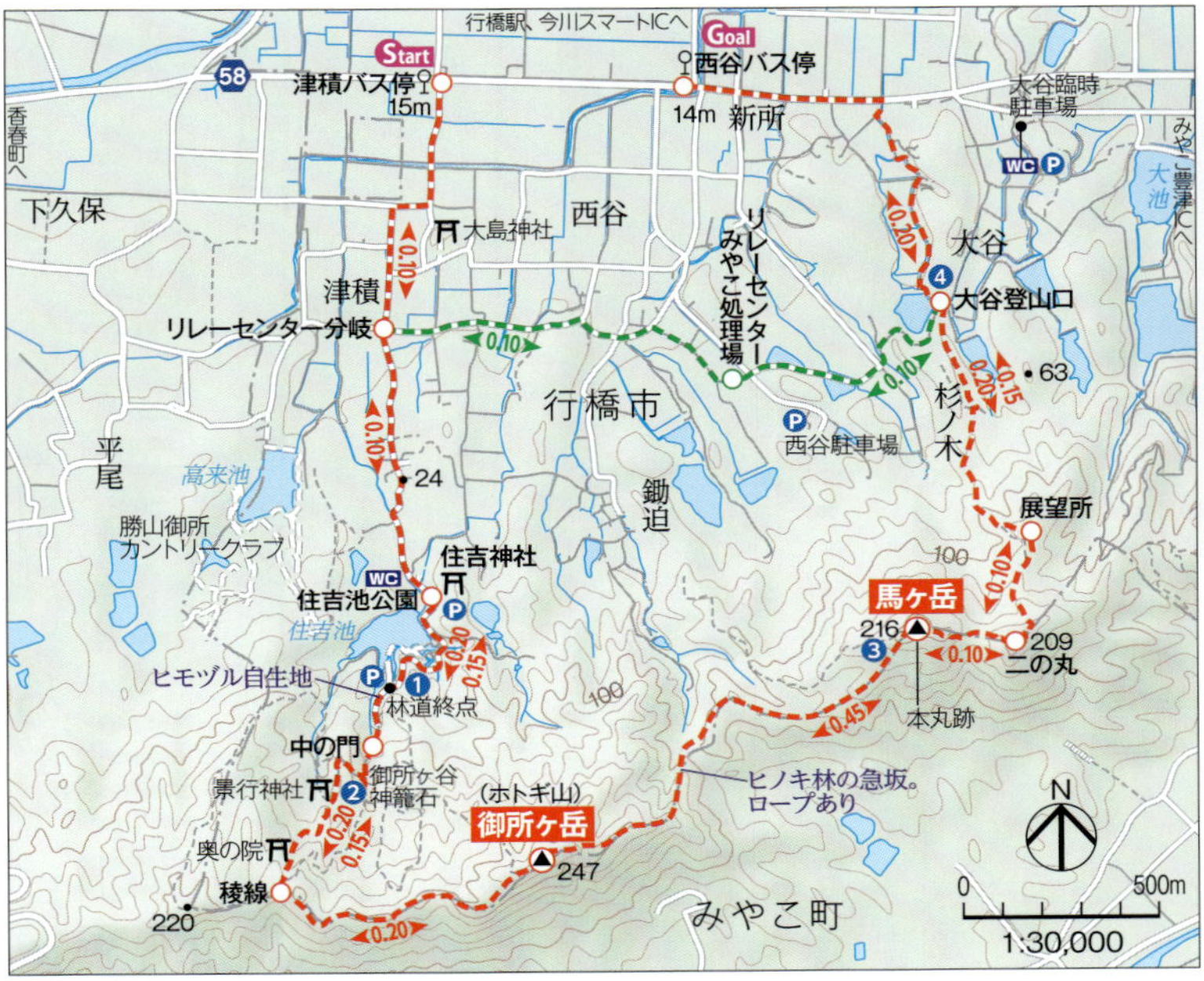

御所ヶ岳山頂から見る馬ヶ岳。左が本丸、右が二の丸

CHECK POINT

住吉池をすぎて車道終点から登山道へ、ヒモヅルが見られる

神籠石をすぎて景行神社、奥の院へと右折する

りっぱな石碑の建つ馬ヶ岳山頂は、黒田官兵衛の居城跡

下山した大谷登山口には黒田官兵衛の幟が並んでいる

くホトギ山と記されていたが、山頂では併記されている。山頂南面の展望がよく、次に目指す馬ヶ岳がよく見えている。さらに東へロープの張られた植林地の急坂を下って登り返す。やがて大きな石碑の建つ**馬ヶ岳**、本丸跡だ。展望もいいし登山者も多い。

馬ヶ岳からはよく整備された道を東へ進むと**二の丸**のピークで、こちらも展望がいい。ここから道は北に向きを変えて下る。官兵衛岩などの並ぶ展望台をすぎ、堀切などの遺構を見て**大谷《おおたに》登山口**に下り着く。左へ進めば県道に出て**西《にし》谷《たに》バス停**へ。右へ下れば大谷駐車場に出る。（文＋写真＝五十嵐 賢）

▽中の門までの渓流沿いに、南方系のシダ植物、ヒモヅルが木々にからみつくように繁茂しているのが見られる（福岡県・天然記念物）。

■**問合せ先**
行橋市役所☎0930・25・1111、太陽交通バス事業部☎0930・23・0701

■**2万5000分ノ1地形図**
行橋・豊前本庄

41

低山とは思えない照葉樹の深い森の散策、巨樹に出会うミニ縦走

大法山・白馬山・三高山

たいほうざん　232m
はくばさん　261m
さんたかさん　251m

日帰り

歩行時間＝3時間12分
歩行距離＝7・0km

技術度
体力度

コース定数＝12

標高差＝225m

累積標高差　395m　395m

嘉麻市下山田付近から大法・白馬の山並み

嘉麻《かま》市の下山田《しもやまだ》地区の背後に、照葉樹の低い山並みが続いている。ウメの名所である安国寺《あんこくじ》梅林公園を包みこむように森が迫っていて、この一帯に大法山、白馬山、三高山の三山がある。大法・白馬自然歩道として整備され、巨樹の森を散策するミニ縦走が楽しめる。

バス利用なら**下山田小学校バス停**から、車なら安国寺前の広い駐車場から歩きはじめよう。お寺の左側から梅林をすぎるとカシ、シイの茂る深い森に入る。岩壁の前にある**奥の院**を回りこんで登ると、ムクロジ（市天然記念物）、バクチノキ（県天然記念物）、カゴノキなどの巨木が次々に現れる。斜面をひと登りで岸取《きしとり》城と**白馬山**の標識が立つ。直進して下ると**T字路**となる。右は三高山への道で、左の大法山への道へ進む。緩やかな稜線で田川《たがわ》市側は植林地、嘉麻市側はスダジイの森が続くが、ほどなく**大法山**の山頂に達する。

すぐに善応寺《ぜんのうじ》（鬼子母神）と天《てん》慎寺《しんじ》を結ぶ十字路を直進し、法華《ほけ》経ヶ嶺《きょうみね》という岩場をくぐって、先で鉄橋を渡ると、舗装道となりベンチが並んでいる。すぐ先でY字路を左折すると、フェンスに囲まれた**大法山展望台**だ。

ここから白馬山直下の**T字路**まで戻る。T字路からロープの設置された2つの小さなピークをすぎ、スダジイとヒノキ林に囲まれた3

■**鉄道・バス**
往路・復路＝JR新飯塚駅から30分で下山田小学校バス停へ。

■**マイカー**
福岡ICから国道201号（八木山バイパス経由）、鶴三緒橋で右折。国道211号を南下して稲築中学校前で左折、県道415号の鴨生で右折、県道402号へ。下山田小学校で左折して0・7㌔で安国寺駐車場。32㌔、約1時間10分。

■**登山適期**
ウメ見を兼ねて2月下旬から3月上旬がベスト。

■**アドバイス**
▽大法山展望台から尾根道を下れば三光園の前の車道に出て、これを下れば県道に出る。登れば車道の終点から善応寺（鬼子母神）を経由して天慎寺への道で、大法山直下の十字路に出る。なお三光園前から安国寺への近道もある。
▽三高山山小屋にはトイレはあるが水はない。

■**問合せ先**
嘉麻市役所産業振興課観光PR係☎0948・42・7452、三高山山小屋（管理人・高畠拓生）☎090・4587・0746、西鉄お客さまセンター☎0570・00・1010

■**2万5000分ノ1地形図**
筑前山田・田川

つ目のピークが**三高山**。この間、展望台以外ではまったく展望は得られないが、深い森の散策は気分がいい。

次のピークで道は左右に分かれ、どちらも三高山山小屋で合流する。右の展望台を経由して山小屋の広場に出よう。**三高山山小屋**は山の写真が飾られた清潔な小屋で、英彦山《ひこさん》の絶好の撮影ポイントでもある。林道を下り**国道に出て**右折。さらに野球場前の信号を右折すれば、**安国寺の第2駐車場**横に出る。**下山田小バス停**へは往路をたどる。

（文＋写真＝五十嵐 賢）

CHECK POINT

1 安国寺一帯は梅林公園で、多くの梅見の人が訪れる

2 梅林から森に入ると岩壁に奥の院が祀られている

3 ムクロジ、バクチクノキの巨木から急坂を白馬山へ

4 白馬山頂直下の三差路で左は大法山、右は三高山

5 法華経ヶ嶺はハシゴや岩をくぐって進む

6 三高山から山小屋に向かい、ここから林道を下る

三高山山小屋より、晩秋の英彦山夕景

42

自然豊かな登山道と遊歩道を併せもつ周回コース

岩石山

がんじゃくさん
454m

日帰り

歩行時間＝2時間50分
歩行距離＝5・5km

技術度
体力度

コース定数＝11

標高差＝374m

累積標高差 438m 438m

下ってくると道は平坦になりヤマツツジに彩られる

岩石山はその名の通りの岩山で、山頂一帯には巨岩とともに天守台跡、馬場跡、柱穴、古井戸などの山城の遺構が見られる。添田公園を起点に、登りは滝コース、下りは正面登山道と時計回りで周回する、低山歩きを楽しんでみよう。

JR添田《そえだ》駅から15分で**添田公園**に着く。入口に「平常」門があり、広い駐車場がある。添田神社、白山宮の横から山裾の住宅街を進むと右手に**登山口**だ。渓谷沿いの道はすぐに深い森に入る。やがて石仏の並ぶ**三ノ滝**、二ノ滝をすぎ、一ノ滝分岐の先に**針の耳**の岩場がある。岩壁の横にある石仏様がコバノミツバツツジでピンクに装うのは4月上・中旬のころ。岩をくぐるとしばらく急坂となるが、傾斜が緩むと展望塔のある**岩石山**山頂に出る。コナラの多い平坦な馬場跡を進むと巨石群が現れる。国見岩、大砲岩、**八畳岩**などで、岩に遊びながら展望を楽しめる。休憩に八畳岩が確保できれば、英彦山、鷹ノ巣山の特異な山容が望まれる。

下山は山頂直下まで戻り、左に下る道をとる。岩場の道にはコバノミツバツツジが多く、山城の柱穴が見られる。やがて石祠や登山回数を示す木札のかかった休憩舎、テーブル、ベンチのある**奥の院**の広場に出る。眼下に大きく添田市街が望まれる。石段からざらついた岩斜面の道をすべらないように用心して下る。付近にはツツ

■**鉄道・バス**
往路・復路＝JR日田彦山線添田駅から県道34号に出て、添田小学校のT字路を東へ進むと添田公園に出る。
■**マイカー**
大分自動車道杷木ICから国道211号、東峰村小石原から国道500号。JR彦山駅前から県道52号を北上。約45㌔。東九州自動車道みやこ豊津ICから県道34号をとり、25㌔。添田公園前に広い駐車場があり、トイレも併設。
■**登山情報**
3月下旬から5月上旬がベスト。タムシバ、ヤマザクラ、コバノミツバツツジ、ザイフリボク、ヤマツツジがわずかに時期をずらして咲く。
■**アドバイス**
▽赤村登山口コースもある。林道岩石線で岩石トンネルを抜け、赤村に入るとすぐ右に林道分岐があり、駐車場のすぐ先に赤村登山口がある。不動明王の先で巨石群の中を進む。やがてカシの多い尾根道となり、50分で八畳岩に出る。急坂だが、階段、手すりを備えたコースだ。
▽添田公園内のそえだジョイ（☎0947・82・5600）には展望浴室がある。
■**問合せ先**
添田町役場☎0947・82・1231
■**2万5000分ノ1地形図**
筑前山田・伊良原

CHECK POINT

1 添田公園入口のりっぱな門には「平常」と書かれている

2 小さな滝が続く。ここは石仏が安置された三ノ滝

3 針の耳は岩の裂け目をくぐって抜ける

4 岩石山山頂の先にある八畳岩からは英彦山がよく見える

5 奥の院の広場にはガレージ型の休憩小屋がある

6 展望台からは岩石山を間近に返り見られる

国見岩で遊ぶ登山者

ジの咲くころ、武将が握った采配に似た白く細長い花弁のザイフリボクが見られる。

一度林道に出るが、すぐに右の登山道へ進み、**展望台**の横を下る。この付近には自生のツツジからしだいに植栽されたツツジが多くなる。やがて岩石城の横からそえだジョイの前で公園に入る。**添田公園**はサクラ、ツツジ、モミジの名所で、シーズンには多くの行楽客でにぎわいを見せる。

（文＋写真＝五十嵐 賢）

43 求菩提山

くぼてさん 782m

散在する遺跡群が修験道の歴史を物語る

日帰り

歩行時間＝2時間45分
歩行距離＝5・4㎞

技術度
体力度

コース定数＝**12**
標高差＝427m
累積標高差 ↗502m ↘502m

山麓の豊前市鳥井畑から見た求菩提山

求菩提山は豊前《ぶぜん》市と築上郡《ちくじょう》築上町との境界にある山で、犬《いぬ》ヶ岳《たけ》の一《いち》ノ岳《たけ》から北にのびる稜線上に位置している。山麓の豊前市鳥井畑《とりいはた》から見ると特異な山容をしており、山岳信仰の歴史を伝える山である。山伏たちにとって英彦山《ひこさん》と並ぶ北部九州における修験道の聖地であり、山中には今なお修験道の繁栄を象徴する遺跡が数多く残っている。登山コースは遺跡めぐりを中心としたコースと、健脚向きであるが、犬ヶ岳まで縦走して登山口に周回するコースなどがある。ここでは求菩提山の特色である遺跡めぐりのコースを紹介する。

求菩提資料館前バス停から犬ヶ岳登山道分岐をすぎ、求菩提山登山口へ向かう。指導標から植林帯の急斜面に設けられた石段を登っ

■**鉄道・バス**
往路・復路＝JR宇島駅前から豊前市営バスに乗車し、終点の求菩提資料館前で下車。乗車40分。

■**マイカー**
東九州自動車道豊前ICから国道10号経由で、32号を南へ約13㌔。駐車場(求菩提資料館前バス停60台、座主坊園地15台)。どちらの駐車場ともトイレあり。

■**登山適期**
真夏を避けて新緑と紅葉の季節を選びたい。

■**アドバイス**
▽水場は下山コースの獅子ノ口と車道の三差路。獅子ノ口の水場は枯れることが多い。
▽下山後に時間があれば、求菩提資料館（☎0979・88・3203）見学や、くぼて鷹勝 卜仙の郷（☎0979・84・5000）で入浴、宿泊もできる。

■**問合せ先**
豊前市観光物産課☎0979・82・1111、求菩提キャンプ場☎0979・88・3063、JR宇島駅☎080・7542・4470、豊前市営バス（豊前市生活環境課）☎0979・82・1111

■**2万5000分ノ1地形図**
下河内

山頂にある国玉神社上宮

下山路の車道沿いにある石仏群

ていく。傾斜が緩くなると、木製ベンチが設置されている**阿弥陀窟**《あみだくつ》**手前の分岐**に着く。阿弥陀窟は分岐を右へ20㍍《メートル》ほどの距離なので寄り道しよう。山頂へは分岐を左へ進み、五窟《ごくつ》めぐりの吉祥窟《きっしょうくつ》、多聞窟《たもんくつ》、普賢窟《ふげんくつ》、大日窟《だいにちくつ》と次々と現れて、稜線上の**胎蔵界護摩場跡**《たいぞうかいごまばあと》に着く。左に行けば一ノ岳経由で犬ヶ岳方面へ通じる縦走路である。求菩提山へは右に進み、ゴロゴロした巨石が点在してくると**求菩提山**山頂（国玉神社上宮《くにたまじんじゃ》）に到着する。

下山は上宮の石段を下る。すぐにクサリのついた鬼の石段（鬼の鐙）といわれる、850段もある長い石段が中宮まで続く。中宮から先は広い石段を下ると狛犬が祀られている**鳥居**があり、阿弥陀窟からの周回路が合流する。ここをすぎるとほとんど平坦な道が安浄《あんじょう》寺跡《じあと》まで続き、最後の石段を下ると**座主坊園地**《ざしゅぼうえんち》**の駐車場**に着く。あとは車道をたどって出発点の**求菩提資料館前バス停**に戻る。

（文＋写真＝内田益充）

CHECK POINT

求菩提資料館前バス停。駐車場を兼ねている

阿弥陀窟。五窟めぐりの最初に現れる

胎蔵界護摩場跡。稜線上になっている

850段あるといわれる鬼の石段（鬼の鐙）

国玉神社中宮。かつての護国寺である

安浄寺跡。かつては山伏たちの弔いの場であった

44

ブナ林と渓谷美に加え、ツクシシャクナゲが稜線を彩る

犬ヶ岳① 周回コース

いぬがたけ
1131m

日帰り

歩行時間＝5時間30分
歩行距離＝10・1㎞

技術度 ★★★☆☆
体力度 ★★☆☆☆

コース定数＝22
標高差＝776m
累積標高差 ↗940m ↘40m

↑急峻なクサリ場の笈吊岩。危険なので迂回路がある
→鈴の中尾にある夫婦渕の滝。優美な流れが目を引く

天然記念物ツクシシャクナゲの自生地として有名な犬ヶ岳は、福岡県と大分県の県境に沿って主稜線を連ね、メサ（卓状台地）・ビュート（孤立丘）の地形をなす英彦山《ひこさん》山地の一角を形成している。英彦山や典型的なビュートの鷹《たか》ノ巣山《すやま》とは、野《の》峠をはさんで東西に対峙している。犬ヶ岳とはメサ地形である一《いち》ノ岳《たけ》から笈吊《おいづる》岩《いわ》までを含んだ総称であるが、通常は最高点の甕《かめ》ノ尾《お》を犬ヶ岳といっている。ここではシャクナゲ鑑賞で登山者の多い周回コースを紹介する。

求菩提《くぼて》資料館前バス停から岩岳《いわたけ》川にかかる橋を渡って、駐車場のある**犬ヶ岳登山口**へ向かう。登山口前の分岐点を右に進んで橋を渡り、林道終点から山道に変わると徒渉する。植林帯から自然林となり、登山道の右下にゴルジュ状の恐《おそれ》ヶ渕《ふち》が見えると**木橋**を渡る。休憩に適した広場になっていて緊張から開放されるが、すぐ先には対岸にクサリが渡された徒渉点が待っている。往路の難所ですべりやすい場所なので、慎重に行動しよう。夫婦渕《めおとぶち》のある鈴《すず》の中尾《なかお》をすぎ、支谷をクサリで徒渉し、急斜面を登ると**経読《きょうよみ》林道に出合う**。林道を右へ150㍍ほど進み、再び登山

■鉄道・バス
往路・復路＝JR宇島駅前から豊前市営バスに乗車して、約40分、終点の求菩提資料館前で下車。

■マイカー
東九州自動車道豊前ICから国道10号経由で、32号を南へ約13㌔。駐車場（求菩提資料館前バス停60台、犬ヶ岳登山口40台）。両駐車場ともトイレあり。

■登山適期
ミツバツツジとシャクナゲの季節である4月下旬～5月上旬がベスト。紅葉の季節も楽しめる。

■アドバイス
▽渓谷や岩場にかかるクサリ場の通過は、慎重に行動すること。
▽下山後に時間があれば、求菩提資料館（☎0979・88・3203）見学や、くぼて鷹勝 卜仙の郷（☎0979・84・5000）で入浴、宿泊もできる。

■問合せ先
豊前市観光物産課☎0979・82・1111、求菩提キャンプ場☎0979・88・3063、JR宇島駅☎0979・82・1111、豊前市営バス（豊前市生活環境課）☎080・7542・4470

■2万5000分ノ1地形図
伊良原・下河内・英彦山・耶馬渓西部

道に入って主稜線の**大竿峠**《おおさお》に出る。大竿峠からは左に進み、美しいブナ林の中を縫って**犬ヶ岳**山頂（甕ノ尾）に立つ。山頂には避難小屋を兼ねた石づくりの展望台があるが、自然林に囲まれて展望は期待できない。

山頂から笈吊峠《おいづる》を目指して、シャクナゲの多い尾根道を下る。笈吊岩の下降は非常に危険なので、北を巻く安全な迂回路をたどろう。**笈吊峠**は十字路で大分県耶馬《やば》渓《けい》方面からの登山道も合流している。北の福岡県側へ下って経読林道に出合うと、林道を右へ500㍍ほど進んで、左の**ウグイス谷への登山道**に入る。急斜面を下ると林道に出合い、そのまま下ると往路の**犬ヶ岳登山口**に戻る。

（文＋写真＝内田益充）

山麓の豊前市鳥井畑から見る犬ヶ岳

CHECK POINT

1 恐ヶ渕上部の木橋を渡ると、緊張が解ける

2 クサリで渡る難所。すべりやすいので要注意

3 経読林道との出合。右へ150㍍ほど進む

4 笈吊峠。十字路になっていて大分県側からの登山道が合流する

5 経読林道への出合。下山は右へ500㍍ほど進む

6 ウグイス谷コース入口。林道と分かれて登山道を下る

＊コース図は116・117ページを参照。

稜線を彩るツクシシャクナゲ

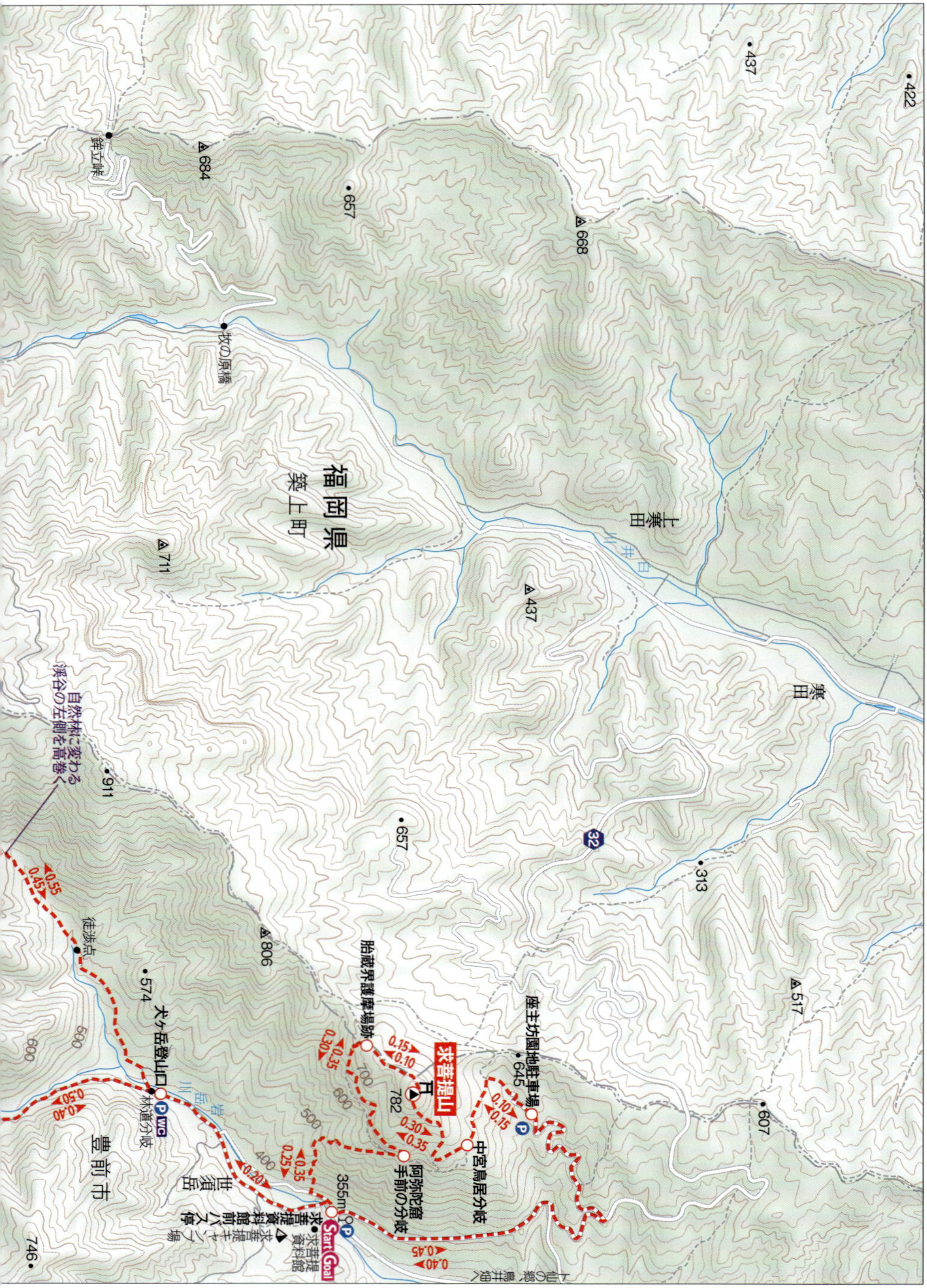
福岡県
築上町
上寒田
寒田
白井川
豊前市
岩岳川
求菩提山
782
犬ヶ岳登山口
林道分岐
座主坊園地駐車場
中宮鳥居分岐
阿弥陀窟手前の分岐
胎蔵界護摩場跡
求菩提資料館前バス停
355m
Start Goal
自然林に変わる
渓谷の左側を高巻く
徒渉点
世須岳
鉾立峠
684
657
668
437
422
711
911
806
574
645
607
517
313
746
32

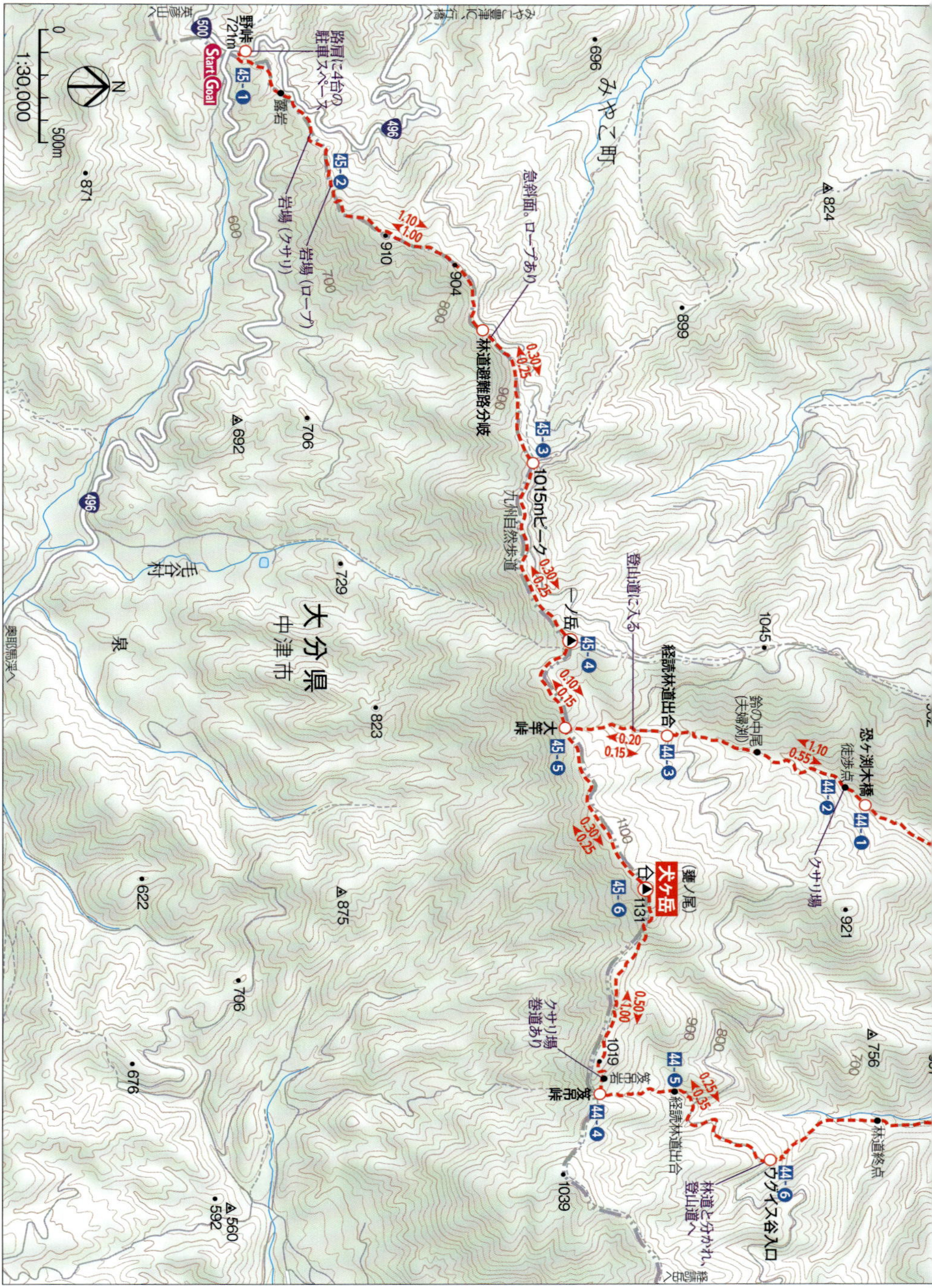
1:30,000
0
500m
N
野峠
721m
Start
Goal
路肩に4台の駐車スペース
露岩
岩場（クサリ）
岩場（ロープ）
急斜面。ロープあり
林道避難路分岐
1015mピーク
九州自然歩道
一ノ岳
登山道に入る
経読林道出合
大竿峠
鈴の中尾（夫婦渕）
恐ヶ渕木橋
徒渉点
クサリ場
犬ヶ岳
（甕ノ尾）
1131
クサリ場巻道あり
笈吊岩
笈吊峠
経読林道出合
林道終点
ウグイス谷入口
林道と分かれ、登山道へ
みやこ町
大分県
中津市
毛谷村
泉
496
500

45

野峠からブナ、ミズナラの稜線をたどって山頂を目指す

犬ヶ岳② 野峠コース

いぬがたけ　1131m　のとうげ

日帰り

歩行時間＝5時間20分
歩行距離＝9・4km

技術度

体力度

コース定数＝21

標高差＝410m

累積標高差 805m（登り） 805m（下り）

犬ヶ岳の登山コースは、前項で紹介した恐《おそれ》ヶ渕《ふち》の周回コースが一般的であるが、野峠を起点に山頂を目指す稜線沿いのコースもおもしろい。野峠コースは、稜線上に展望のよい露岩が多いことが特色で、歩行距離は長いものの、極端なアップダウンも少なく、岩場の通過さえ注意すれば四季折々楽しめるコースである。とくにミツバツツジとシャクナゲ開花の季節はすばらしい。

九州自然歩道の**野峠**の登山口から階段状に整備された登山道に入る。しばらくいくと露岩混じりの

ブナ林の中の登山道を行く

紅葉の時期の一ノ岳から英彦山方面の展望

1015メートルピーク付近の紅葉

■鉄道・バス

往路・復路＝登山口へのバス便はないため、マイカーかタクシーを利用することになる。

■マイカー

野峠へは東九州自動車道椎田ICから国道10号を走り、途中から国道496号に入って約25キロ。または、大分自動車道日田ICから国道496号に入って約35キロ。JR日田彦山線の彦山駅方面から国道500号に入り、英彦山の高住神社経由で野峠へ行く方法もある。彦山駅から約15キロ。登山口横の路肩に4台程度駐車できる。

■登山適期

ミツバツツジとシャクナゲの季節である4月下旬～5月上旬がベスト。紅葉の季節も楽しめる。

■アドバイス

▽往復の歩行時間が長く途中に水場がないので、水筒は持参すること。

▽下山が遅くなって日が暮れた場合は、岩場の通過が危険なので、経読林道の避難路へ下山し、野峠へ戻る方法もある。多少遠回りになるが、安全かつ確実な道を選びたい。

▽野峠までタクシーを利用する場合は、㊹犬ヶ岳①で紹介した求菩提資料館方面へ下山した方が交通の利便性がよい。

■問合せ先

豊前市観光物産課☎0979・82・1111、みやこ町観光まちづくり

振り返って見た英彦山方面の展望

山頂近くの稜線ではブナ林の新緑が目立つ

やせた細い稜線になってくる。露岩の稜線をすぎるとクサリやロープが設けられた岩場が続けて現れる。コース中で最も危険な場所なので慎重に行動したい。岩場をすぎてからは、とくに危険な場所もなく、安全な稜線に変わる。このあたりから稜線上にシャクナゲが現れるようになる。左手に経読《きょうよみ》林道を経て**野峠への避難路**を見て、急斜面をロープで登り、緩やかに進むとブナの大木がある**1015メートルピーク**に着く。ベンチやテーブルが設置され、休憩に最適の場所である。

緩やかなアップダウンを繰り返していくと、いちばんの展望を誇る**一《いち》ノ岳《たけ》**に着く。ベンチやテーブルが設置され、求《く》菩《ぼ》提《て》山《さん》方面の登山路も合流する三差路の要所になっている。

一ノ岳からは下りとなり、最後は階段の急斜面となる。平坦地になってベンチ、テーブルなどが見えると、左から恐ヶ渕方面の登山道が合流する**大竿峠《おおさおとうげ》**である。指導標に山頂まで0・9キロの表示があり、30分程度かかるので、もうひと頑張りである。

大竿峠からはブナ、ミズナラ林の中を縫って、ゆっくり着実に高度を上げていこう。目前に石造りの展望台が見えると**犬ヶ岳**山頂（甕《かめ》ノ尾《お》）に着く。下山は往路を戻って**野峠**に向かう。

（文＋写真＝内田益充）

課☎0930・32・2512

■2万5000分ノ1地形図

伊良原・下河内・英彦山・耶馬溪西部

CHECK POINT

1 

九州自然歩道のある野峠登山口。駐車スペースあり

2 

ロープのある岩場。慎重に登ろう

3 

1015メートルピークにあるブナの大木

4 

一ノ岳山頂。求菩提山からの登山道の合流地点

5 

大竿峠にはベンチやテーブルが設置されている

6 

犬ヶ岳山頂。避難所を兼ねた石造りの展望台がある

＊コース図は116・117ページを参照。

46

窟、鬼杉、クサリ場など修験の山にふさわしい南岳コース

英彦山①

ひこさん
1200m（南岳）

日帰り

歩行時間＝4時間25分
歩行距離＝8・0km

技術度

体力度

コース定数＝19

標高差＝665m

累積標高差 855m 855m

英彦山は羽黒山《はぐろさん》、大峰山《おおみねさん》とともに日本三大修験場といわれる霊山で、北、中、南岳の三峰からなる。登山コースは鬼杉《おにすぎ》・南岳《みなみだけ》、正面参道、高住神社、北西尾根の4コースがある。ここでは前2コースの鬼杉から南岳、中岳から正面参道を歩いてみよう。

英彦山銅《かね》の鳥居から歩きはじめる。坊舎や坊跡の並ぶ広い参道は、前半は緩やかに売店の先から急な石段となり**奉幣殿《ほうへいでん》**に出る。ここまでは参拝客が多くスロープカーの利用もできる。社殿の前から石段を登れば正面参道と分かれる。右の玉屋神社・鬼杉コースをとり、山腹を巻いて進む。やがて玉屋神社経由の鬼杉と梵字岩《ぼんじいわ》経由の鬼杉コースが**分岐**するが、後者の左の近道をとる。智室社（窟）、**梵字岩分岐**を見て尾根を越えると谷川を渡り、**衣ヶ池**《ころも》の手前から冬に凍結する四王寺の滝分岐をいずれも左に見て進む。岩を削った階段があり、大南《おおみなみ》神社（窟）への道と、すぐ先で鬼杉への道が右に下る**分岐**に着く。いずれも鬼杉に通じ、巨杉の森は修験の山の雰囲気が漂っている。

鬼杉まで往復して**分岐**に戻り、南岳への急登がはじまる。材木石付近はブナやカエデの巨木が多い。さらに進むと左に山腹が望まれ、クサリ場が続く。この間は紅葉のころがお

南岳より中岳と上宮

銅の鳥居と紅葉

■**鉄道・バス**
往路・復路＝JR日田彦山線添田駅から町営バス32分で銅の鳥居へ。

■**マイカー**
大分自動車道杷木ICから国道211号で、東峰村小石原から国道500号で英彦山銅の鳥居へ。30㌔、1時間。東九州道みやこ豊津ICより県道436号を南下し、野峠で国道500号を西へ行くと英彦山銅の鳥居。35㌔、1時間25分。

■**登山適期**
シャクナゲ、ドウダンツツジ、ヒコサンヒメシャラ、オオヤマレンゲが咲く5月上旬から6月中旬。紅葉は10月中旬から11月上旬。

■**アドバイス**
▽四王寺の滝の氷瀑見物は衣ヶ池から40分、アイゼン必携。
▽智室窟上部と玉屋見口分岐の先に展望の岩場があり、中岳から南岳の山頂、山腹が見わたせる。
▽正面参道下山路の稚児落の下、平坦になったところから右に下る道がある。通称うぐいす谷コースで、奉幣殿に戻れる。途中の野鳥観察小屋から右に進むと北西尾根コースと交差し、スキー場上部から青年の家付近で自然歩道と合流する。周回コースを計画する際に知っておくと便利。

■**問合せ先**
添田町役場☎0947・82・1231（町営バスの問合せを含む）、英彦

すすめ。斜度が緩むと1等三角点がある**南岳**で、避難小屋とお社がある。お社の前から下ると前方に中岳の上宮を望む。1200㍍にある社としては日本最大級とのこと。

　ドウダンツツジの多い道をひと登りで上宮の前に出て、背後に下るとベンチが並ぶ**中岳**の山頂広場に出る。片隅にトイレ付きの避難小屋がある。南側の展望がとくにすばらしく、重畳たる山並みの先に九重《くじゅう》、阿蘇《あそ》、由布《ゆふ》、雲仙《うんぜん》など九州の名峰が望まれる。

　下山は石畳の正面参道をとる。井戸のある行者堂をすぎ、関銭の跡（下乗）、稚児落をすぎると杉木立の参道に中宮が現れ、クサリ場を下る。歩きにくい石ころ道で、休憩小屋をすぎると**奉幣殿**に戻る。下りの参道沿いには修験道館、雪舟庭園、財蔵坊などがあり、スロープカー花駅の前に英彦山花園がある。春にはシャクナゲやクリンソウが、秋にはみごとな紅葉が登山の疲れを忘れさせてくれるだろう。　（文＋写真＝五十嵐 賢）

山観光ガイドボランティア・早田利光氏☎0947・85・0316（英彦山に関する問合せや財蔵坊の見学など）、ひこさんホテル和☎0947・85・0121

■2万5000分ノ1地形図
英彦山

英彦山中岳と南岳

CHECK POINT

1 春の正面参道を奉幣殿へと進む

2 鬼杉分岐付近にある大南神社

3 石祠と1等三角点のある南岳山頂。中岳は指呼の間

4 南岳から中岳の直下にあるクサリ場を登り返す

5 中岳山頂広場にあるりっぱな山頂標識

6 正面参道を黄色く彩るタカノツメ

＊コース図は122・123ページを参照。

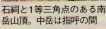

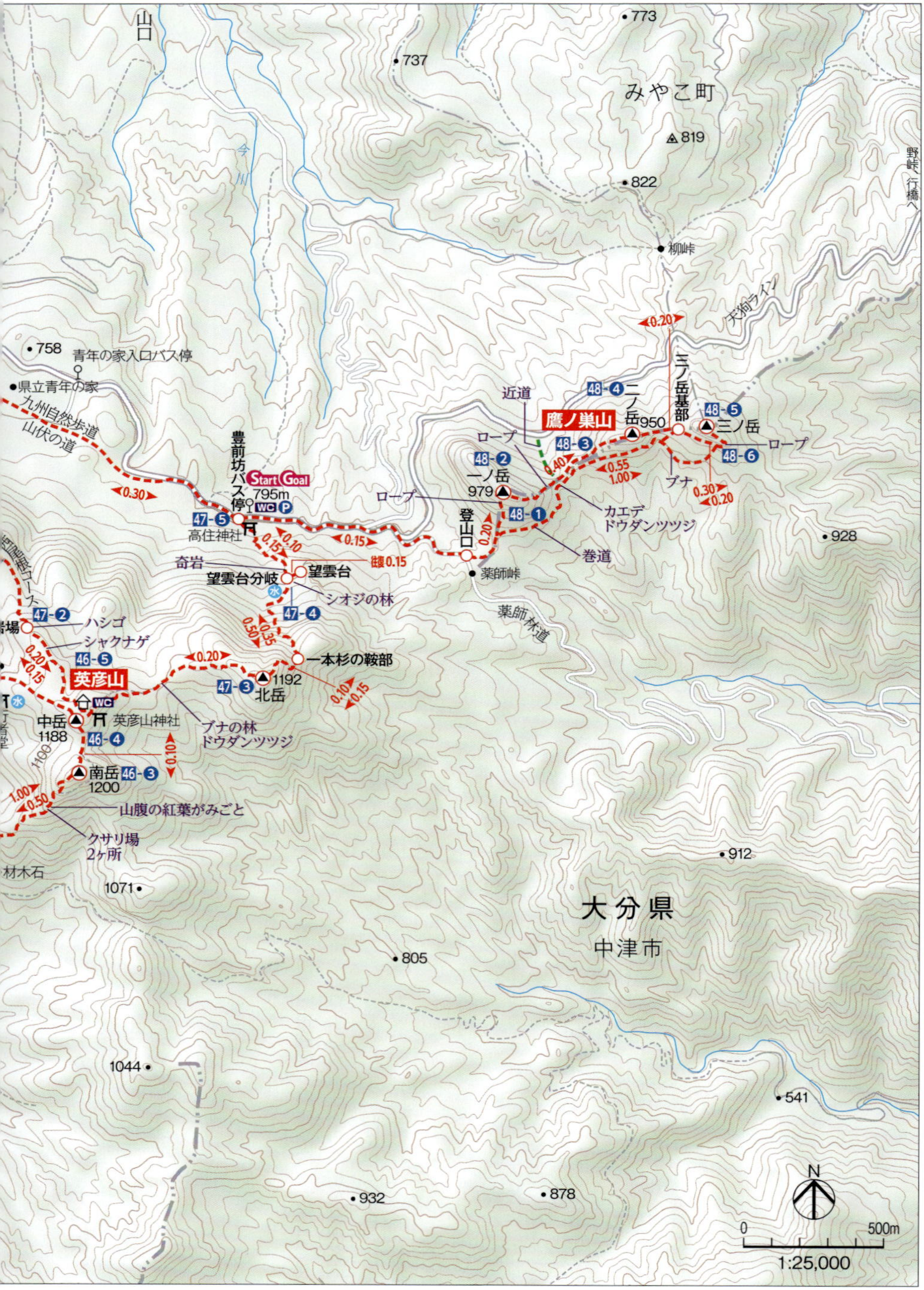
山口
今川
773
737
みやこ町
819
822
柳峠
野峠・行橋へ
天狗ライン
758
青年の家入口バス停
県立青年の家
九州自然歩道
山伏の道
0.30
豊前坊バス停
Start Goal
795m
WC P
47-5
高住神社
0.15
0.10
0.15
往復0.15
奇岩
望雲台分岐
望雲台
水
シオジの林
47-4
0.50
0.35
一本杉の鞍部
0.10
0.15
1192
北岳
47-3
0.20
47-2
ハシゴ
シャクナゲ
46-5
0.20
0.15
英彦山
WC
中岳
1188
英彦山神社
46-4
ブナの林
ドウダンツツジ
0.10
南岳
1200
46-3
1.00
0.50
山腹の紅葉がみごと
クサリ場
2ヶ所
材木石
1071
登山口
0.20
薬師峠
薬師林道
一ノ岳
979
48-2
ロープ
ロープ
48-1
巻道
近道
鷹ノ巣山
48-3
0.40
カエデ
ドウダンツツジ
48-4
二ノ岳
950
0.55
1.00
0.20
三ノ岳基部
48-5
三ノ岳
ロープ
48-6
ブナ
0.30
0.20
928
912
大分県
中津市
805
1044
541
932
878
N
0
500m
1:25,000

458
589
609
530
北坂本
福岡県
添田町
ひこさんホテル和
704
ひこさんホテル前
バス停
ベンチ
野営場
バス停
47-1
500
471
別所バス停
WC
P
野営場
710m
P
47-6
WC
Start Goal
スキー場
野鳥観察路
バンガロー
0.20
0.15
彦山駅・添田駅へ
唐ヶ谷
英彦山
神宮下バス停
旧亀石坊庭園
野鳥観察小屋
WC
Start Goal
0.25
0.15
十字路
0.40
銅鳥居
535m
P
WC
奉幣殿
下宮
休憩小屋
396
46-1
花駅
スロープカー
英彦山花園
WC
46-6
英彦山
野鳥観察小屋
600
700
水
中宮
800
ブナの大木
900
1.00
1.10
彦山駅・添田駅へ
上仏来山
685
990
稚児落
0.25
703
1000
関銭の跡（下乗）
玉屋神社分岐
水
梵字岩分岐
四王寺の
480
0.15
梵字ヶ岩
智室社（窟）
展望岩
0.10
811
衣ヶ池
水
玉屋神社
0.30
0.25
46-2
大南神社
往復0.15
864
英彦山の鬼杉
837
汐井川
896
黒岩山
878
615
障子ヶ岳
948

47

英彦山②

ルートファインデングの北西尾根コースから中岳、北岳を周回する

ひこさん
1192m（北岳）

日帰り

歩行時間＝3時間20分
歩行距離＝5・7km

技術度
体力度

コース定数＝14
標高差＝482m
累積標高差 600m 600m

英彦山中岳と北岳の間から北岳を望む

北西尾根の岩場に咲くツクシシャクナゲ

北西尾根コースは、バンガローの並ぶ**野営場**の東端から狭い石段の舗装路を登る。すぐに山道になる。この道は野鳥観察の道で、自然林に入り、観察小屋をすぎる。**十字路**の標識には来た道と左右の道に野鳥観察路と書かれているが、ここでは表示のない道を直進して山腹の急斜面をしばらく進む。

やがて緩やかで広い尾根道となり、おもに東の端をたどる。しだいに巨木の森となり、眼下に青年の家が望まれ、シャクナゲが見られる。大きなブナの木を右に見て急坂となり**岩場**をハシゴで抜ける。この付近で北側の展望が開け、シャクナゲやミツバツツジが見られる。森を抜けると中岳の上宮が前方に、左手に北岳と犬ヶ岳の稜線が望まれ、やがて**中岳**山頂だ。

山頂標識の左側から岩場をクサリで下ると、南側はみごとなブナの森。ドウダンツツジが見られるササ原を登ると、石祠と磐境《いわさか》という縄囲いの聖地がある**北岳**山頂に達する。

北岳からの下りはすぐにロープとクサリの道となり、**一本杉のある鞍部**から木製の階段で下る。次にシオジの林の中の不揃いな石階

■鉄道・バス
往路・復路＝JR日田彦山線添田駅から、町営バス42分で野営場、47分で豊前坊。

■マイカー
大分自動車道杷木ICから国道211号で東峰村小石原、国道500号で野営場。32キロ、1時間5分。東九州道みやこ豊津ICより県道436号を南下し、野峠で国道500号を西へ行くと野営場。33キロ、1時間20分。

■登山適期
シャクナゲ、ドウダンツツジ、ヒコサンヒメシャラ、オオヤマレンゲが咲く5月上旬から6月中旬。紅葉は10月中旬から11月上旬。

■アドバイス
▽北西尾根コースは、野鳥観察路十字路上部に標識はなくテープのみ。踏跡ははっきりしていて、広い尾根の東側に道がある。岩場のハシゴが唯一の目印。
▽野鳥観察路十字路で右折すれば、奉幣殿と中岳を結ぶうぐいす谷コースに合流。左折すればスキー場上部から自然歩道と合流する。
▽豊前坊から鷹ノ巣山登山口の薬師峠に出て、少し下ると裏英彦山コースがある。中岳・南岳の鞍部や大南神社付近へと続く隠れた名コースだが、標識が少なく迷いやすい。経験者の同行が望ましい。

■問合せ先

英彦山の夜明け

段や石畳を下ると**望雲台分岐**に出る。高所恐怖症でなければ、高度感のある**望雲台**の絶景を楽しめる。すぐ下で逆鉾岩などの奇岩の中を下り、岩壁に建つ**高住《たかすみ》神社（豊《ぶ》前坊《ぜんぼう》）**の境内に出る。バスにも乗れるが歩くに限る。

長い階段を下っていったん国道に出て、すぐに左の石畳の参道である山伏の道（九州自然歩道）に入る。山頭火の句の解説板を見てスギ林の中を進み、青年の家の横をすぎるとスキー場の斜面が広がっている。ここは秋のススキの名所で、山裾にはベンチやトイレがあり休憩にちょうどいい。そのまま進むと**野営場**に戻り着く。

（文＋写真＝五十嵐 賢）

添田町役場☎0947・82・1231（町営バスの問い合わせを含む）。英彦山観光ガイドボランティア・早田利光氏☎0947・85・0316（英彦山に関する問い合わせや財蔵坊の見学など）、ひこさんホテル和☎0947・85・0121

■2万5000分ノ1地形図

英彦山

CHECK POINT

1 野営場東端の階段を登ると十字路があり、直進する

2 北西尾根唯一といえる目印のハシゴ場

3 北岳山頂には磐境とよばれる聖地がある

4 望雲台への道、最初は岩溝を登る

5 高住神社への石段を下りるとバス停がある

6 スキー場はベンチが並びトイレがある

＊コース図は122・123ジペーを参照。

48

ビュートの奇峰に新緑、紅葉を訪ねてスリル満点の岩稜歩き

鷹ノ巣山

たかのすやま
990m（三ノ岳）

日帰り

歩行時間＝3時間15分
歩行距離＝4・5km

技術度
体力度

コース定数＝11
標高差＝195m
累積標高差 387m 387m

英彦《ひこさん》山の東隣にある3つの鋭いピークは、総称して鷹ノ巣山とよばれている。筑紫溶岩が浸食されてできあがった典型的なビュートの山で、国の天然記念物（史跡名勝）に指定されている。岩峰と一帯のブナ、ミズナラ、ドウダンツツジなどの自然林はまさに深山の趣きで登山者を迎えてくれる。

登山口からの一ノ岳

バス、マイカーいずれの場合でも英彦山北岳登山口の**高住《たかすみ》神社**（バス停名は**豊前坊《ぶぜんぼう》**）から国道を東へ歩くと、ほどなく道は二手に分かれ、右の国道を進む。すぐに右の薬師林道へと進み、薬師峠の直前に鷹ノ巣山の**登山口**がある。植林地をすぎると一ノ岳（一ノ鷹巣）の基部に達し、ロープを伝って岩を越えて**一ノ岳**の頂上台地に出る。標識越しに目指す二ノ岳、三ノ岳が望まれる。ミズナラ、ドウダンツツジ、ミツバツツジの急坂を下り、植林地に入って鞍部に出る。しだいにやせ尾根になり二ノ岳の基部に出る。この岩壁を乗り越え二ノ岳の西端に出る。返り見るプリンのような一ノ岳、背後の英彦山北岳が重なって見える。

シャクナゲの多い岩尾根を登り返すと**二ノ岳**山頂。さらに2つの岩峰を越え、前方に丸い頭頂の三ノ岳が見えてくる。直進できないので岩場を右に下り、ブナの多い深い森を進んで**三ノ岳の基部**に達する。岩壁の下を右に進むと岩場にロープの下がった三ノ岳の登り口がある。垂直の岩溝をロープや木の根をたよりに三点確保で登り、上で左に進む。展望はいいが危険も多いので、すぐ上の広場まで気を許さないこと。一段高くなった頂稜を西へ進めば、シャクナゲの多い林の中に鷹ノ巣山山頂標識が現れる。ここが**三ノ岳**だ。

■**鉄道・バス**
往路・復路＝JR添田駅から町営バス47分で豊前坊。なお、ひこさんホテル入口終点の場合には豊前坊まで徒歩約35分。

■**マイカー**
大分自動車道甘木ICから国道500号で、東峰村小石原経由46㌔、1時間30分。杷木ICから国道386号、同211号東峰村小石原から同500号へ。36㌔、1時間10分。東九州自動車道今川スマートICから県道34号、大任町柿原から同52号、彦山駅付近で国道500号経由36㌔、1時間15分。いずれも高住神社（豊前坊バス停）。

■**登山適期**
新緑、シャクナゲの美しい4月下旬～5月上旬。紅葉の10月下旬～11月上旬がベスト。

■**アドバイス**
▽一、二、三ノ岳ともにロープが設置された岩峰。リーダーはパーティの力量を把握して、細心の心配りで行動すること。とくに二ノ岳の岩場が複雑で危険箇所が多い。進路を見失ったら強引に直進せず、南側の下り口や巻道を探すこと。
▽下山は一ノ岳と二ノ岳の鞍部から北へ国道への近道がある。また三ノ岳から大きく南側を巻く迂回路が安全。

■**問合わせ**

三ノ岳は坊主頭に似ている

↑二ノ岳から英彦山を振り返る
←鷹ノ巣山は3つのピークからなっている

下山は来た道を戻るのもいいが南側に安全な巻道があり、これを戻るか一ノ岳、二ノ岳の鞍部から直接国道に出ることもできる。

（文＋写真＝五十嵐 賢）

添田町役場☎0947・82・1231、ひこさんホテル和☎0947・85・0121、英彦山野営場☎0947・85・0550（夏季のみ）

■2万5000分ノ1地形図
英彦山

CHECK POINT

1 

一ノ岳の取り付きの岩場

2 

ロープ伝いに登りきった岩峰の頂が一ノ岳山頂

3 

二ノ岳への岩場。この先は危険箇所が多い

4 

二ノ岳山頂にはシャクナゲが見られる

5 

三ノ岳山頂は木立の中で展望はない

6 

下山路の迂回路分岐から南側の迂回路を進む

＊コース図は122・123ページを参照。

東峰村から見る初夏の浅間山

49

シャクナゲが彩る峰入り古道を体感

岳滅鬼山・浅間山

がくめきさん 1037m
あさまやま 831m

縦走コース

日帰り

歩行時間＝5時間55分
歩行距離＝9・7km

技術度
体力度

コース定数＝22

標高差＝585m

累積標高差 763m 960m

魅力は自然林やシャクナゲ、ミツバツジなどの花、それに、岳滅鬼山山頂からの展望である。また、ルートの一部は、英彦山《ひこさん》から宝満山《ほうまんざん》へ通じる峰入り古道にも重なる。

国道500号沿いの**湯の山バス停**から、町道大南《おおみなみ》線を南東方向へ進む。鳥居がある玉屋神社への分岐点の前から川幅30㍍ほどの**汐井《しおい》川を徒渉する**。徒渉点の水量が多いときにはアドバイスの項を参照。スギ林の中を進み、黒岩山への分岐をすぎてさらに登ると、**町道大南線に出合う**。町道を直角に横断し、Y字状に分岐する斜め上方向への林道に入って400㍍ほど進むと、岳滅鬼山の登山口に着く。人工林の中を登り、滅鬼峠に近づくあたりから自然林になる。

岳滅鬼山山頂に立つブナの大木

岳滅鬼峠には「従是北豊前國小倉領」と刻まれた大きな石柱が立っており、ルートは石柱のうしろへ続く。峠から自然林の尾根を登る。補助ロープのある岩場や、急坂を登ってルート中にある最も高いピークへ。ここには小さな「岳滅鬼嶽」の標識がある。いったん下って登り返すと、**岳滅鬼山**の山頂に着く。ブナの大木が立つ山頂は展望に優れ、英彦山から犬《いぬ》ヶ岳《たけ》、国東《くにさき》半島の山々も見える。

岳滅鬼山からブナが続く尾根を進み、人工林をすぎると美しい自然林の中を通る。やがて釈迦ヶ岳への分岐点である**三国境《みくにざかい》**をすぎると、ほどなく浅間山と谷コース・展望台コースの**分岐**に着く。そこを左折し、下って軽く登り返すと**浅間山**の山頂に着く。山頂は細い尾根上にあり、木々の間から東峰《とうほう》村の谷筋に形成された棚田がわずかに見える。

浅間山から、西方向へ張り出す自然林の尾根コースを下る。途中にはアカガシの大木やヤマザクラなどが見られる。**谷コースに合流**

■**鉄道・バス**
往路＝JR日田彦山線のJR代行バスに乗り、JR彦山駅で下車。添田町バスに乗り、湯の山バス停で下車。
復路＝浅間山登山口へ下山し、そこから徒歩でJR日田彦山線筑前岩屋駅へ。JR日田英彦山線のJR代行バスと添田バスは、運行回数が少ないので注意すること。

■**マイカー**
▽本コースを縦走する例としては、JR筑前岩屋駅までマイカーで行く。同駅には、4～5台ほどの駐車スペースがあり利用できる。JR筑前岩屋駅からJR彦山駅までは、JR筑

CHECK POINT

徒渉点では手前の町道大南線から向こう側へ。川幅は30㍍ほど、自然の飛び石を伝う

町道大南線横断地点。南東上方向に分岐する林道へ進む。直進すれば①の徒渉点方面、手前は深倉峡方面

岳滅鬼峠に建つ石柱。ルートは石柱のうしろから尾根に沿って登る

浅間山分岐地点で左折して下り、浅間山へ登り返す。直進は、谷コースの分岐点を経て展望台コースへ

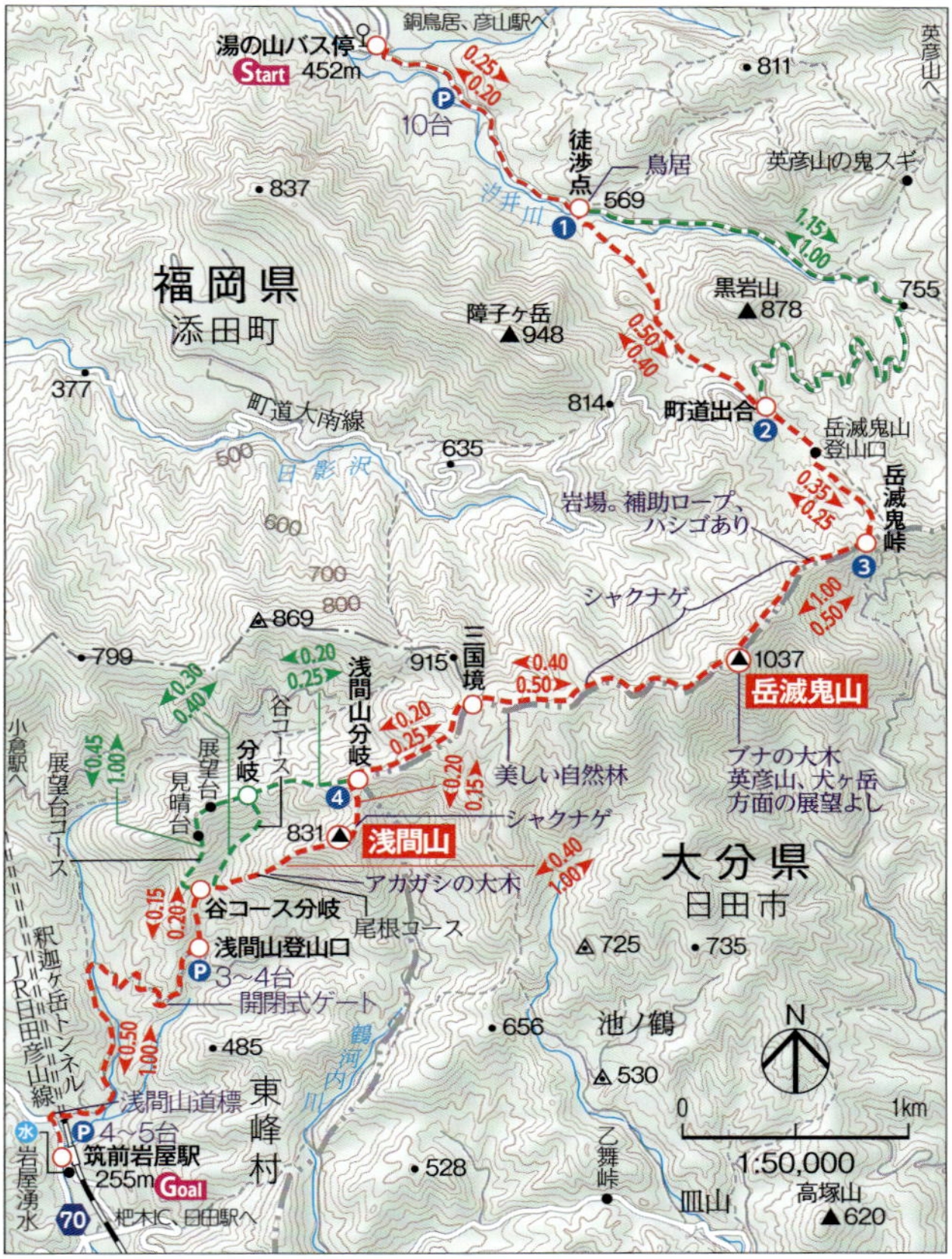

するあたりから、人工林の中を下る。細い流れを渡ると、ほどなく今回の下山口である**浅間山登山口**に着く。ここから舗装された林道を下る。途中にある害獣防止用のゲートを通り抜けたら、必ず閉めること。やがて県道52号に出合い、左折してほどなく**JR筑前《ちくぜん》岩屋《いわや》駅**に着く。

（文＋写真＝林田正道＋林田勝子）

R代行バスを利用する。

▽JR筑前岩屋駅へは、大分自動車道杷木ICで降り、国道386号、県道52号、国道211号、県道52号を走り、浅間山登山口へ。3～4台ほどの駐車スペースを利用できる。同じく、国道500号の分岐点から町道大南線を約500㍍進んだ右側にある10台ほどの駐車場を利用できる。

■**登山適期**

1～12月。おすすめの時期は、新緑が美しく、シャクナゲやミツバツツジの咲く4月下旬～5月ごろと紅葉の10月下旬～11月ごろ。

■**アドバイス**

▽汐井川が増水をして徒渉できない時は、距離は長くなるが、町道大南線を進んで登山道が交わる地点まで行く。町道を歩く距離は3・9㌔、所要時間は1時間15分ほど。

▽JR筑前岩屋駅舎のそばには、平成の名水百選に認定された有料の岩屋湧水があり、水くみに訪れる人も多い。

■**問合せ先**

添田町役場☎0947・82・1231、東峰村ふるさと推進課☎0946・72・2312、あさくら観光協会☎0946・24・6758、JR九州案内センター☎0570・04・1717

■**2万5000分ノ1地形図**

英彦山

50

鳥屋山

とやさん 645m

多くの石仏と語らい岩場の展望を楽しむ

日帰り

歩行時間＝2時間15分
歩行距離＝4・0㎞

技術度 ★☆☆☆☆
体力度 ★☆☆☆☆

コース定数＝10

標高差＝375m

累積標高差 ↗430m ↘430m

起点へ向かう途中、突然現れる鳥屋山の前山

山頂からの筑紫平野や耳納連山の眺め

朝倉《あさくら》市東北部の秘境、佐田《さだ》にある鳥屋山は古処《こしょ》・馬見《うまみ》山地に属し、「都野山《とやさん》」とも書かれた。急峻な山容をしており、古くから英彦山《ひこさん》山伏の修験場として、また弘法大師信仰の山として知られる。南北の展望もよく、山頂域にはスダジイなどの自然林も残り、自然環境保全地区に指定されている。登山ルートはひとつしかなく、**市営キャンプ場の駐車場**が起点だ。

コンクリート敷きの急坂を上がると、樹間に**市営キャンプ場**が広がり、その奥には男滝《おだき》、女滝《めだき》を配した都高院《とこういん》の端正なたたずまいがある。

水を確保したら、奥の院への標識から登路に取り付き、女滝の上に回りこむと男道と女道に分かれる。右の男道は急峻な岩場で、クサリを使うまさに修験の道だ。スリルがあっておもしろいが、ここは女道を選ぼう。谷を進み、右斜面を登りつめると男道と合流する。藍の群落を育む谷沿いの人工林を進めば、多くの石仏がある**四合目**に着く。ベンチもあるのでひと息入れよう。

左へ巻くと平坦な登路となり、六合目で支尾根の登りにかかると、南に耳納《みのう》連山が見えてくる。ジグザグな登りはきついが、**八合目**にはベンチもあり、南西方面が開けている。ここで平易な迂回路とクサリ場がある冒険道の選択

■**鉄道・バス**
鳥屋山への公共交通機関はない。

■**マイカー**
車は、国道386号の朝倉市下三奈木交差点を北へ折れ、県道509号に入る。寺内ダムを経て佐田川沿いを進む。採石場をすぎると、正面に鳥屋山の前山が現れ、「都野の大滝」の大きな案内板から右折する。約1㌔で起点の市営キャンプ場の駐車場に着く。

■**登山適期**
夏場のキャンプ場はにぎわっているが、山頂を目指すには低山だけにむし暑い。石仏との語らいや岩場の展望を楽しむには、秋から春にかけてがおすすめ。

■**アドバイス**
▽鳥屋山は山城跡で、戦国時代には大友宗林の英彦山攻めで、一時、座主がこもった城とされる。また都高院は東国から逃れてきた安部氏が結んだ庵跡に、里人が弘法大師を祀ったとされる。
▽都高院背後の男滝や稜線上の男岩、女岩にはぜひ立ち寄りたい。一見の価値あり。
▽男道は断崖のクサリ場を通るため、かなりの腕力を必要とする。
▽帰途、寺内ダム近くの「あきづきの湯」（☎0946・21・3222）で汗を流すこともできる。また北へ15分も走れば、民陶の里・小石原で

だ。ここはクサリ場を慎重に登ろう。尾根に出ると自然林が広がり、先に、小さな鳥居が見えてくると**鳥屋山**山頂だ。祠が祀られ、展望が広がる。南に筑紫平野の大展望、北に馬見山、屏山《へいざん》、古処山を望む。

さらに東へ尾根をたどると、すぐ右側に女岩《めいわ》、男岩《おいわ》があるので立ち寄ろう。岩上に立てば南側半分の大展望が得られる。さらに尾根をわずかに上下すれば、多くの石仏と石塔が安置されている**奥の院**にいたる。

下山は往路を戻るが、余力があれば絶壁を下る男道を選ぶのもおもしろい。

（文＋写真＝日野和道）

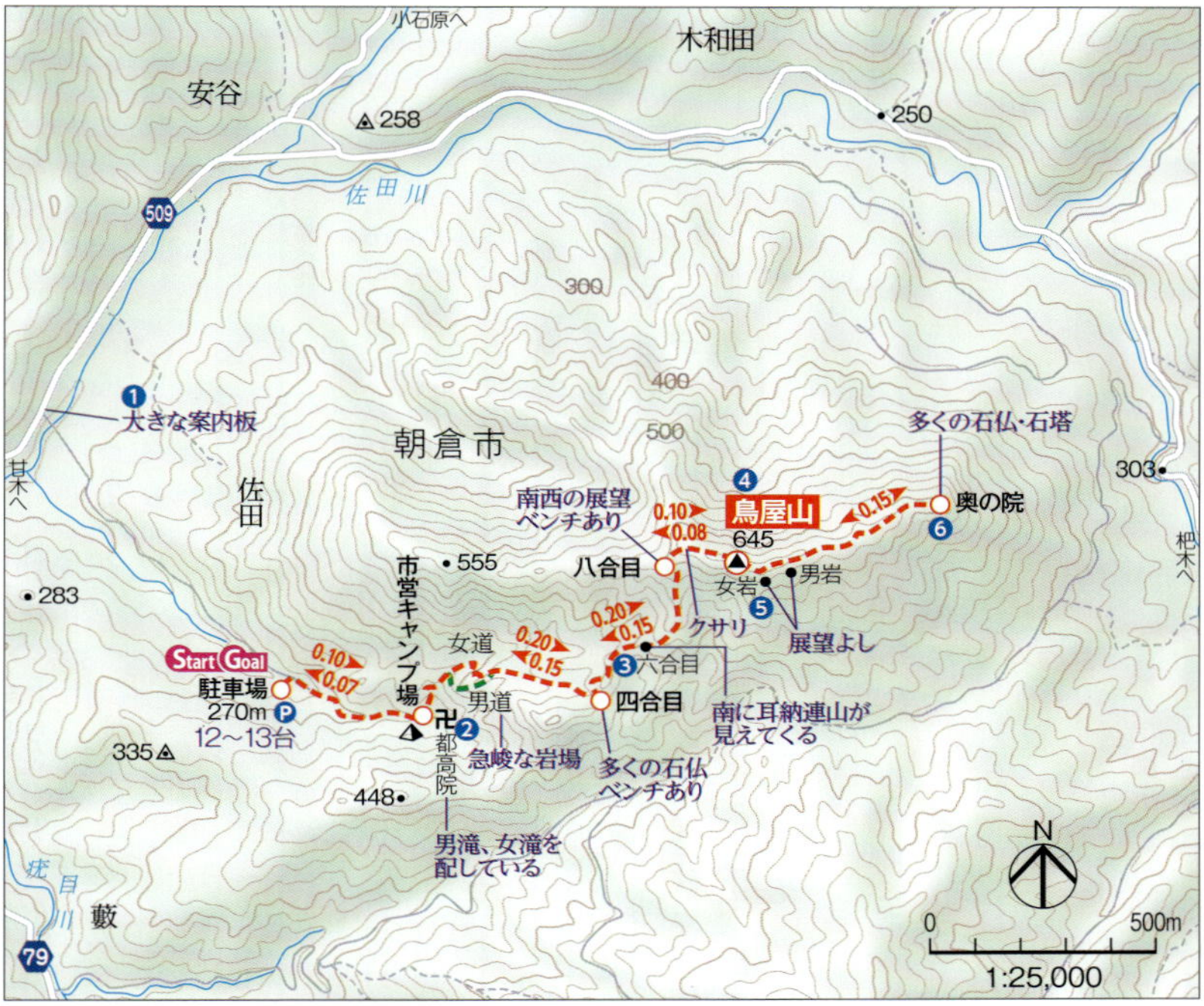

CHECK POINT

県道沿いの大きな看板から右の駐車場へ向かう

キャンプ場の奥にある都高院と男滝

六合目付近の木の根が張った登路

祠とベンチがある鳥屋山山頂。南に筑紫平野の展望

ぜひ立ち寄りたい奇岩・女岩。眼下に絶景が広がる

多数の石仏や石塔が安置されている奥の院

窯元めぐりを楽しめる。

■問合せ先
朝倉市役所☎0946・22・1111

■2万5000分ノ1地形図
小石原

鋭く尖った奇岩の男岩

51

サケが帰る川の上流から、神宿る巨岩を見て絶景の頂へ

馬見山①

うまみやま
978m

日帰り

歩行時間＝3時間40分
歩行距離＝4・4km

技術度 ■□□□□
体力度 ■□□□□

コース定数	＝15
標高差	＝633m
累積標高差	↗ 626m ↘ 626m

馬見山の三角点付近から眺める英彦山

馬見山は嘉麻市《かまし》と朝倉市《あさくら》の境にあり、東西に連なる古処《こしょ》馬見山地の最高峰である。山頂付近は馬見城址で展望に優れ、筑紫平野の先に耳納《みのう》連山が横たわり、遠くにくじゅう連山や阿蘇の山々、さらには雲仙の平成新山も見える。登山道沿いには風穴や寄《より》添《そい》岩など、花崗岩の大きな岩がある。なかでも、麓にある馬見神社の上宮といわれる御神所岩《ごしんじょいわ》は巨大で、大岩の中ほどに祠がある。また、山頂に近い谷や尾根筋には自然林が残され、下山路ではブナの木立も見られる。

登山口は市道宮小《みやこう》路山瀬川《じやませがわ》線沿いにあり、そばには遙拝所の石碑とサケのふ化場がある。**登山口**から、人工林の中を登る。すぐに小さな流れを渡って進むと、風穴に着く。さらに登れば、大きな花崗岩が寄り添うように見える寄添岩がある。その先でいったん林道に出る。林道を少し進んだところから、再び左へ分岐する徒歩道に入る。

もう一度林道に出てしばらく進むと、御神所岩と**ブナ尾根の分岐**に着く。この分岐を直進して林道を進むと、御神所岩への徒歩道が左へ**分岐**する。徒歩道に入り、樹氷谷の標柱が立つ美しい自然林をすぎると、御神所岩に着く。

御神所岩の右30メートルほどのところには水場もある。登山道は御神所岩の左からうしろ側へ通じており、岩の上からは樹木の間に筑豊盆地が見える。さらに進み、ブナ尾根コースに**合流**して登ると、馬見山から古処山への縦走路に出合う。左に進めば、すぐに**馬見山**山頂に着く。その先50メートルほどのところには見晴台があり、避難小屋も建っている。ここは南方向が開けて見晴らしがよく、ベンチもある。

見晴台からブナ尾根コースの合流点まで引き返し、直進方向へ自然林のブナ尾根を下る。途中に立つブナを見てさらに下り、人工林

■鉄道・バス
往路・復路＝飯塚バスセンターから西鉄バスの西鉄大隈行きに乗車し、嘉麻市大隈バス停で下車。登山口まではタクシー（大隈タクシー☎0948・57・0028）で約15分。

■マイカー
福岡県の南部方面からは、九州自動車道の鳥栖ジャンクションから大分自動車道に入り、甘木ICで降りる。国道322号の八丁トンネルを抜け、上西の信号を右折し、1・5キロ先の三差路を右折。原田の信号で県道440号に出合い、右折して進むと市道宮小路山瀬川線に出合う。そのT字路を左折すれば、ほどなくサケふ

嘉麻市の田園地帯から見る春の馬見山

CHECK POINT

馬見山登山口。斜め前にはサケのふ化場があり、毎年3月ころに放流が行われている

風穴。大岩の下から、微風が吹き出し、かすかに水の音も聞こえる

御神所岩、ブナ尾根分岐点。直進は御神所岩、左折はブナ尾根へ

山頂の近くにある高さ24メートル、幅18メートルの巨大な御神所岩

1等三角点の馬見山山頂。その先50メートルに展望のよい見晴台がある

ブナ尾根を下る。すがすがしい新緑や紅葉はみごと

になると、ほどなくルートは北西方向へ大きく変わる。やがて浅い谷筋になり、なおも踏跡をたどると往路で通過した御神岩との**分岐点**に出る。

そこから、往路を引き返して**登山口**に戻る。

（文＋写真＝林田正道＋林田勝子）

化場の前にある馬見山登山口に着く。駐車場は登山口の手前30メートルの右側に10台ほど。福岡県の北部方面からは国道211号、または国道322号から県道440号を進んで登山口へ。

■登山適期

1月から12月。ただし、冬季は山頂付近で積雪することがある。新緑や紅葉の時期はとくにおすすめ。

■アドバイス

▽登山口近くには馬見山キャンプ村（☎0948・57・0621）があり、開設は7月1日～9月30日。また、古処山の北麓には古処山キャンプ村「遊人の杜」（☎0948・57・0621）があり、通年開設されている。

▽近くには九州りんご村もあり、9月下旬ごろから11月下旬にかけて、ナシやリンゴ狩りなどが楽しめる。

▽地域農産物の直売所「カッホー馬古屏（まごへい）」（☎0948・57・2222）は、国道211号沿いの嘉麻市牛隈にある。

■問い合わせ先

嘉麻市役所産業振興課観光PR係☎0948・42・7452、嘉麻市観光まちづくり協会☎0948・43・3680、西鉄バスお客様センター☎0570・00・1010

■2万5000分ノ1地形図

小石原・筑前山田

＊コース図は136・137ページを参照。

52

日本山岳遺産の嘉穂アルプス縦走。植生の豊かさと大展望が楽しみ

馬見山②・江川岳 屏山①・古処山①

日帰り

うまみやま 978m
えがわだけ 861m
へいざん 927m
こしょさん 860m

歩行時間＝7時間45分
歩行距離＝16・0km

技術度
体力度

縦走コース1

コース定数＝30

標高差＝462m

累積標高差 1048m 1388m

馬見山・見晴台から見る右、屏山、中央の鋭鋒は古処山、左は江川岳

馬見山、江川岳、屏山、古処山の四座が連なる山域は最近嘉穂《かほ》アルプスともよばれている。アブラチャンやアカガシなどが見られ、国の特別天然記念物、ツゲの原始林もある。さらに、早春から秋にかけて、コショウノキやヒメウラシマソウ、オオキツネノカミソリ、それにアケボノソウなどの花も咲くなど、植生が豊かである。

また、古処山の尾根筋は石灰岩が露出していて、その苔むした造形は幽玄な雰囲気を漂わせている。ルートは九州自然歩道に重なり、要所には道標や案内板が設置されている。登山口は、東峰村《とうほう》の**小石原バス停**から国道211号を嘉麻市《かまし》方向へ1・8キロほど歩いたところにあり、道標もある。

馬見山登山口からスギ林の中を進むと、標高点717メートルに近づいたあたりから尾根筋は自然林になる。林道を数箇所横断するが、横断地点には道標がある。馬見山山頂一角の見晴台は南東から西方向が大きく開け、遠くに多良岳《たらだけ》や雲仙《うんぜん》の山々、それに阿蘇の山々やくじゅう連山も見える。見晴台から西方向へ50メートルほど進むと、1等三角点の**馬見山**山頂だ。

山頂から西方向へ連なる主尾根に沿って進む。鞍部の**宇土浦越**《うどうらごえ》は十字路でベンチがあり、休憩するのにちょうどよい。宇土浦越から、

■**鉄道・バス**

往路＝朝倉市の杷木発着所から西鉄バスに乗り、東峰村の小石原バス停で下車。バス停から登山口までは、国道211号を嘉麻市方向へ1・8キロほど歩く。

復路＝野鳥バス停から甘木鉄道甘木駅まで、路線バスの甘木観光バスに乗車。甘木鉄道甘木駅から終点の基山駅まで甘木鉄道に乗車する。終点の基山駅はJR鹿児島本線基山駅に接している。

■**マイカー**

往路＝九州自動車道の鳥栖ジャンクションから大分自動車道に入り、杷木ICで降りる。国道211号を通り東峰村小石原へ。駐車場は登山口の近くにはない。駐車は、登山口から2・2キロほどの東峰村役場小石原庁舎の駐車場を利用できる。

復路＝朝倉市秋月の古処山登山口から、国道322号で大分自動車道の甘木ICへ。駐車場は、秋月の古処山登山口そばに2箇所、合計40台ほどがある。

■**登山適期**

1～12月。おすすめは、新緑や紅葉の時期。早春から秋にかけては、いろいろな花を見ることができる。

■**アドバイス**

▽嘉穂アルプスとよばれる馬見山、江川岳、屏山、古処山は、2016年、日本山岳遺産に認定され、20

遠賀川から眺める嘉穂アルプス。左から馬見山、江川岳（鞍部の右に見える小鋭峰）、屏山、古処山

古処山の山頂付近にあるツゲの原始林

直進して急坂を登る。途中で江川岳を巻くルートが右へ分岐するが、直進して**江川岳**の頂へ。

山頂の少し先で、先ほどの巻道と合流してさらに下り、鞍部から再び登ると**屏山**の山頂に着く。山頂は北方向が開け、筑豊盆地の先に、福智山《ふくちやま》などが見える絶好の展望地である。

屏山から緩やかに下り、石灰岩が露出する尾根を登る。尾根筋には、ツゲの古木が続く。**古処山**の

古処山に咲くオオキツネノカミソリ

18年には馬見山の見晴台に避難小屋が建設されている。また、認定時には無名峰だった江川岳は2018年に山名がつけられ、地理院地図にも記載された。

▽歩行は長時間になるので、日照時間の長い時期を選び、できるだけ早い時刻から登りはじめるとよい。

▽路線バスの運行本数は少ないので注意すること。

■問い合わせ先

朝倉市商工観光課☎0946・52・1428、あさくら観光協会☎0946・24・6758、甘木鉄道☎0946・23・1111、甘木観光バス（路線事業部）☎0946・24・0023、西鉄お客さまセンター☎0570・00・1010

■2万5000分ノ1地形図

甘木・小石原

山頂には祠があり、ベンチもある。山頂のそばにある国見岩からは、筑紫平野の先に耳納《みのう》連山や津江《つえ》の山々、それに、脊振山《せふりさん》から三郡《さんぐん》山地にかけての大展望が広がる。

古処山から、麓の秋月《あきづき》へ下る。水場である水舟を通り、三角杉の看板を見てさらに下ると、**古処林道の終点**に出合う。車はここまでの乗り入れが可能で、林道はエスケープルートとして利用できる。

渓流に沿って下ると、やがて車道に出る。2箇所の駐車場の前を通って古処山の**登山口**で車道を横断し、直線的に農道を下る。やがて車道を横断し、次に出合う車道を左へ下ると**野鳥《のとり》バス停**に着く。

（文＋写真＝林田正道＋林田勝子）

屏山から眺める筑豊盆地

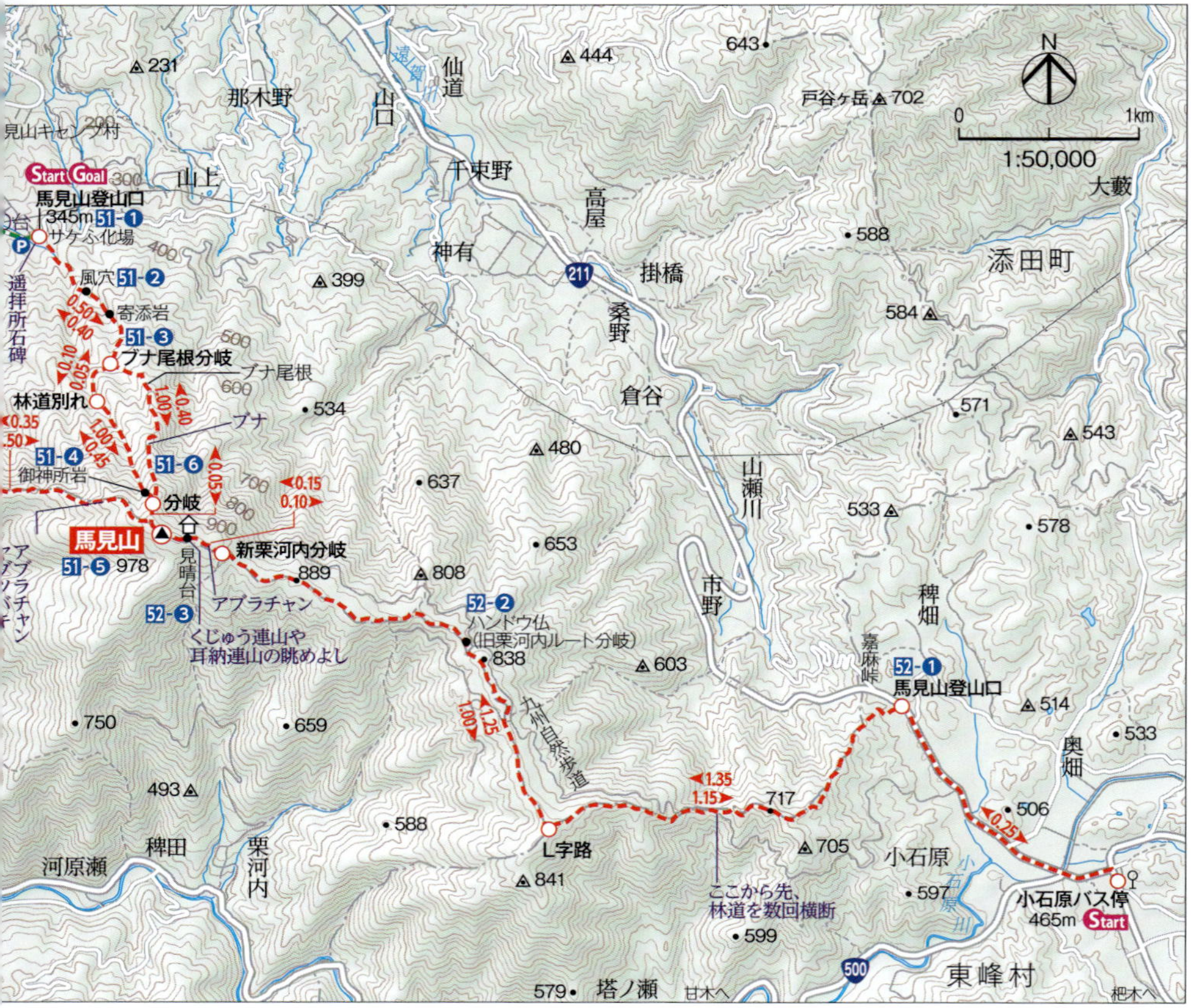

CHECK POINT

1 国道211号沿いにある登山口。屏山、馬見山を示す九州自然歩道の道標がある。道標のところから左へ登る

2 ハンドウ仏。修行中に倒れた山伏を祀ったといわれている

3 馬見山山頂一角の見晴台。南方向が大きく開けて筑紫平野や耳納連山などがよく見える

4 宇土浦越。屏山へは直進する。右は嘉麻市馬見へ、左は朝倉市の江川ダムへ

5 屏山山頂。ベンチがあって北方向が開け、筑豊盆地や福智山方面の眺めがよい

6 水舟は古処山山頂近くにある古くからの水場。渇水期には水が涸れることもある

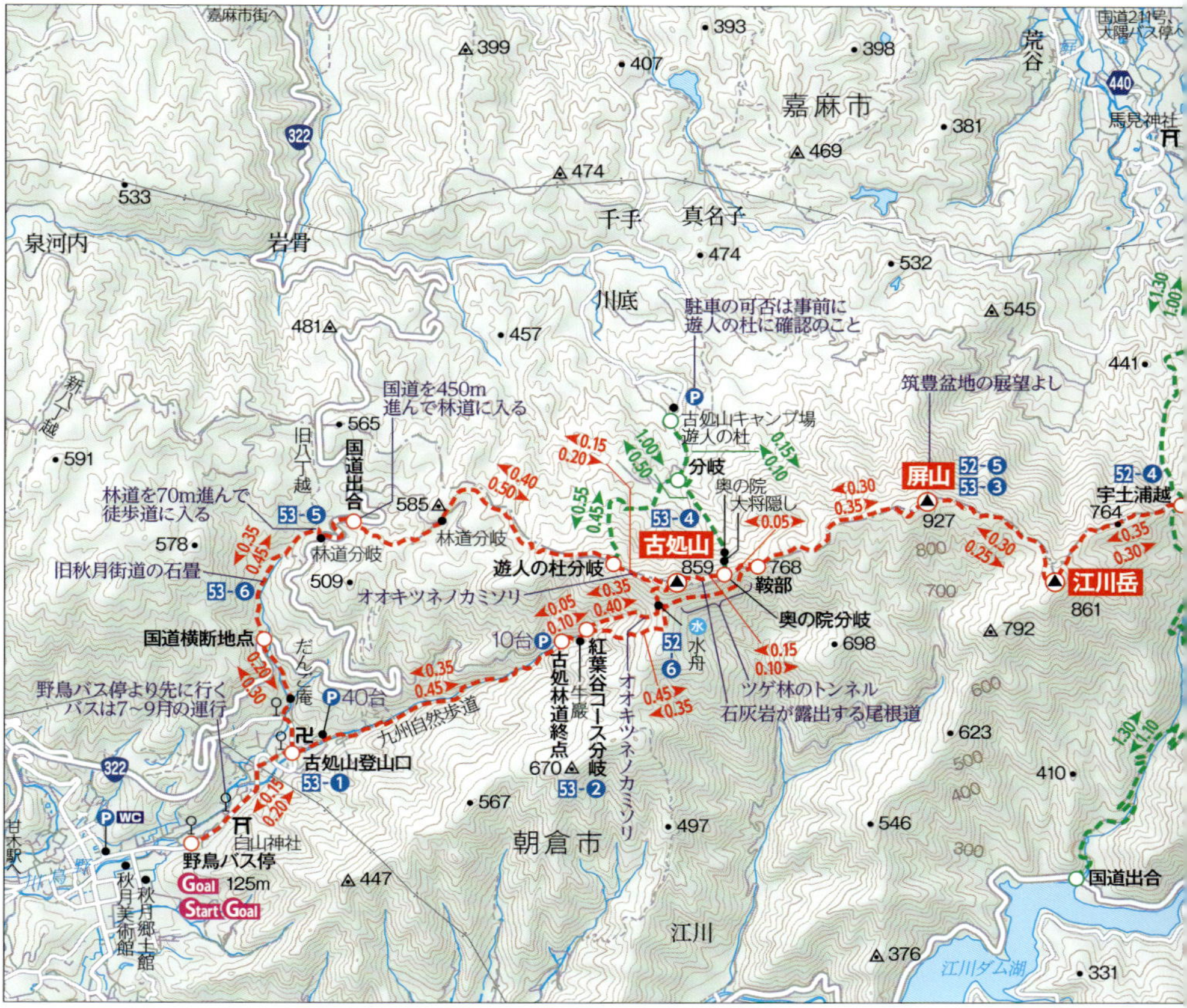

53 屏山②・古処山②

歴史薫る秋月から展望の峰々をめぐる

日帰り

歩行時間＝5時間30分
歩行距離＝11・7㎞

へいざん　927m
こしょさん　860m

技術度
体力度

縦走コース2

コース定数	＝24
標高差	＝802m
累積標高差	↗ 952m
	↘ 952m

嘉麻市から見る秋の屏山

屏山と古処山は福岡県のほぼ中央、朝倉《あさくら》市と嘉麻《かま》市の境に位置する。屏山は馬見山《うまみやま》と古処山との間にあり、山頂は北方向が開けて見晴らしがよく、筑豊盆地の先に福《ふく》智山《ちやま》などが見える。古処山の山頂付近は苔に覆われた石灰岩が多く露出し、ツゲの原始林は国の特別天然記念物に指定されている。また、古処山ではヒメウラシマソウやベニシュスラン、それにニシキキンカメムシなどの珍しい植物や昆虫も見ることができる。

戦国時代には天然の要塞として古処山に山城が築かれ、「大将かくし」や「馬攻め」の地名が残る。一帯は山岳宗教の歴史もあり、尾根筋には多くの石仏が祀られ、「奥の院」といわれる大岩に囲まれた空間もある。登山口がある秋月《あきづき》は「筑前の小京都」といわれて風情があり、ルートの後半では秋月街道の石畳が残る古道を歩く。

秋月の**野鳥《のとり》バス停**から車道を進み、野鳥川を渡ったすぐ先で、車道と交差する九州自然歩道へ右折して進む。**古処山登山口**で先ほどの車道を横断し、古処山への標識に沿って直進する。

渓流に沿って登ると、五合目で**古処林道の終点**に出合う。少し先の右側に牛巖《うしいわ》があり、そのすぐ先から、右に分岐する**紅葉谷コース**へ進む。細い流れを渡って自然林の急坂を登り、ツゲ林のトンネルを通って古処山と屏山の**鞍部**に出る。

鞍部から右へ緩やかに登ると**屏山**の山頂だ。山頂からは、北に広がる筑豊盆地が見える。

■鉄道・バス
往路・復路＝JR鹿児島本線基山駅で甘木鉄道に乗り換え、終点の甘木駅下車。甘木駅から甘木観光バス秋月行きに乗り、終点の野鳥バス停で下車。バスは7月1日から11月30日の間は、野鳥バス停の先にあるだんご庵バス停まで運行されるので、その間は古処山登山口バス停まで乗車できる。

■マイカー
大分自動車道の甘木ICから国道322号を経て秋月へ。古処山登山口バス停から北東方向へ少し入ると、2ヶ所40台ほどの登山者用駐車場がある。また、秋月から国道322号を八丁峠方面へ行き、古処林道へ進んだ終点（古処山登山道の5合目）にも10台ほどの駐車スペースがある。

■登山適期
1～12月。新緑や紅葉の時期もよいが、早春から初冬のころまでいろいろな花に出会える。

■アドバイス
▽登山口がある秋月は城下町として栄えたところで、筑前の小京都ともいわれている。武家屋敷や土塀、苔むした石垣などが残る。とくに、秋月城の大手門であった黒門や桜並木は風情があり、春の桜と秋の紅葉の時期がおすすめ。
▽立ち寄り湯は、甘木ICに近い卑弥呼ロマンの湯のほかに数箇所ある。

朝倉市秋月から見る古処山

屏山から**鞍部**まで引き返し、露出する石灰岩の尾根を登る。尾根北側の近くには、大将隠しや奥の院といわれる大岩の空間があり、時間があれば立ち寄りたい。**古処山**の山頂には祠がある。祠のそばにある国見岩からは、東にくじゅうの山々、南から西には耳納《みのう》連山や雲仙《うんぜん》の平《へい》成新山《せいしんざん》、そして北には福智《ふくち》山《やま》も見える。

山頂から西へのびる尾根を下る。途中の馬攻め付近には多くの石仏があり、ツゲの古木も見られる。**遊人《ゆうじん》の杜《もり》への分岐**をすぎて下ると、林道の分岐点に出る。Y字形に分岐する林道を左斜め下方向へ200㍍ほど下り、右へ分岐する徒歩道に入る。徒歩道はほどなく**国道322号**に出合い、国道を左へ500㍍ほど進んだところから右に分岐する林道に入る。

林道を70㍍ほど進み、左へ分岐して下る徒歩道に入る。谷筋の道は秋月から八丁越へ通じる古道で、石畳が残り、しばらく下ると**国道322号**を横断する。そこから渓流に沿い、秋月の奥座敷といわれるだんご庵を経て、**野鳥バス停**に戻る。

（文＋写真＝林田勝子＋林田正道）

■**問合せ先**　朝倉市商工観光課☎0946・52・1428、あさくら観光協会☎0946・24・6758、甘木鉄道☎0946・23・1111、甘木観光バス（路線事業部）☎0946・24・0023

■**2万5000分ノ1地形図**　甘木

CHECK POINT

1 古処山登山口バス停から写真奥の舗装された林道を進む

2 紅葉谷コースへの分岐点

3 新緑と紅葉が美しい屏山山頂近くの登山道

4 秋の古処山山頂。左奥にある国見岩は見晴らしがよい

5 国道322号から旧秋月街道への分岐点。林道を右へ進む

6 下山路の旧秋月街道に残る石畳

＊コース図は136・137㌻を参照。

54 鷹取山

たかとりやま
802m

大展望を期待して耳納連山最高峰へ

日帰り

歩行時間＝2時間50分
歩行距離＝5・8㎞

技術度
体力度

コース定数	＝14
標高差	＝612m
累積標高差	↗650m ↘650m

田主丸の柿園から見上げる鷹取山（中央）

山頂から北東には筑後川、奥に英彦山を望む

「筑紫次郎」の愛称をもつ筑後《ちくご》川に沿った、うきは市、久留米《くるめ》市と八女《やめ》市の境界に横たわる耳納《みのう》山地。その最高峰が鷹取山だ。南は緩やかな山並みが連なるが、北側は急峻な斜面となっている。すべてが人工林で趣に欠けるが、山城跡の広い山頂からは大展望が得られる。また稜線には耳納スカイラインが走り、四季を通してにぎわっている。今回は山地北側の平原《ひらばる》自然公園を起点に、周回してみよう。

公園駐車場から車道をたどると、左に遊歩道コース登山口があるが、ここは直進する。やがて沢音が聞こえてくると、**えぐ水登山口**に着く。

ここから登山道に入るが、またすぐ車道横断を2度繰り返し、えぐ水場に出る。水を確保したら本格的な登路につく。何度か沢を渡

■鉄道・バス
往路・復路＝JR久留米駅から久大本線の田主丸駅下車（約30分）。ユーモラスな河童の駅舎から、山麓を目指す。県道151号を横断して、「山苞の道」を左折する。先の公園標識をたどると河童像がある公園駐車場に着く（約4キロ）。バスはJR久留米駅または西鉄久留米駅から吉井営業所行きに乗り、田主丸中央バス停で下車。右方の田主丸駅へ向かう。

■マイカー
国道210号の田主丸・東町交差点から、県道729号に入る。駐車は公園駐車場に14台、えぐ水登山口に6台ほど。

■登山適期
展望の山だけに、空気が澄み、遠望できる秋がベスト。また、ヤマアジサイが咲く初夏もおすすめ。

■アドバイス
▽山名は一帯の領主、星野氏の鷹狩場であったことに由来する。
▽水は遊歩道コースにはないので、必ず「えぐ水場」で確保のこと。えぐ水とは、まずい水のことだが、本当はうまい水で、たいへんな導水工事を断念させるために付けられた名称。
▽下山後は、近くのみのう山荘や鷹取の湯で入浴できる。

■問合せ先
久留米市役所田主丸総合支所☎09

り、砂防提をすぎると登りが厳しくなる。一帯にはスギの美林が広がり、ヤマアジサイも多い。やがて登りが緩くなると**遊歩道コースと出合う**。

ひと登りで出た車道を左折。先の標識から再び登路につくが、これからが正念場。ジグザグに急登して高度を上げ、多数の登山記念碑をすぎると、山頂西側直下に出る。左上へ駆け登れば待望の**鷹取山**山頂だ。1等三角点の山頂からは、北の眼下に筑後平野が広がり、まん中を筑後川がゆったりと流れ、宝満山《ほうまんざん》、古処山《こしょさん》、英彦山《ひこさん》の山々がそそり立つ。東は由布岳《ゆふだけ》、九重《くじゅう》山群、八方《やほう》ヶ岳《たけ》など、大分・熊本の山々が連なる。南は有明《ありあけ》海を越えて雲仙岳《うんぜんだけ》、多良岳《たらだけ》など長崎・佐賀の名山が眺められる。

下山は**コース出合**に戻り、右の遊歩道コースをたどる。570㍍ピークまでは、緩い登りだが、先は一転、尾根筋の急下降に変わる。雨水で荒れた悪路もあり、気をつけよう。途中交差する林道は、かまわず直進。やがて樹木の中のかつての展望小屋に着く。その先を左折すれば登山口に出るが、ここも直進。木段を下り、中央広場を抜けると**駐車場**に帰着する。

（文＋写真＝日野和道）

43・72・2111、JR九州案内センター☎0570・04・1717、西鉄お客さまセンター☎0570・00・1010、みのう山荘☎0943・74・1268、鷹取の湯☎0943・72・4793

■2万5000分ノ1地形図

田主丸・草野

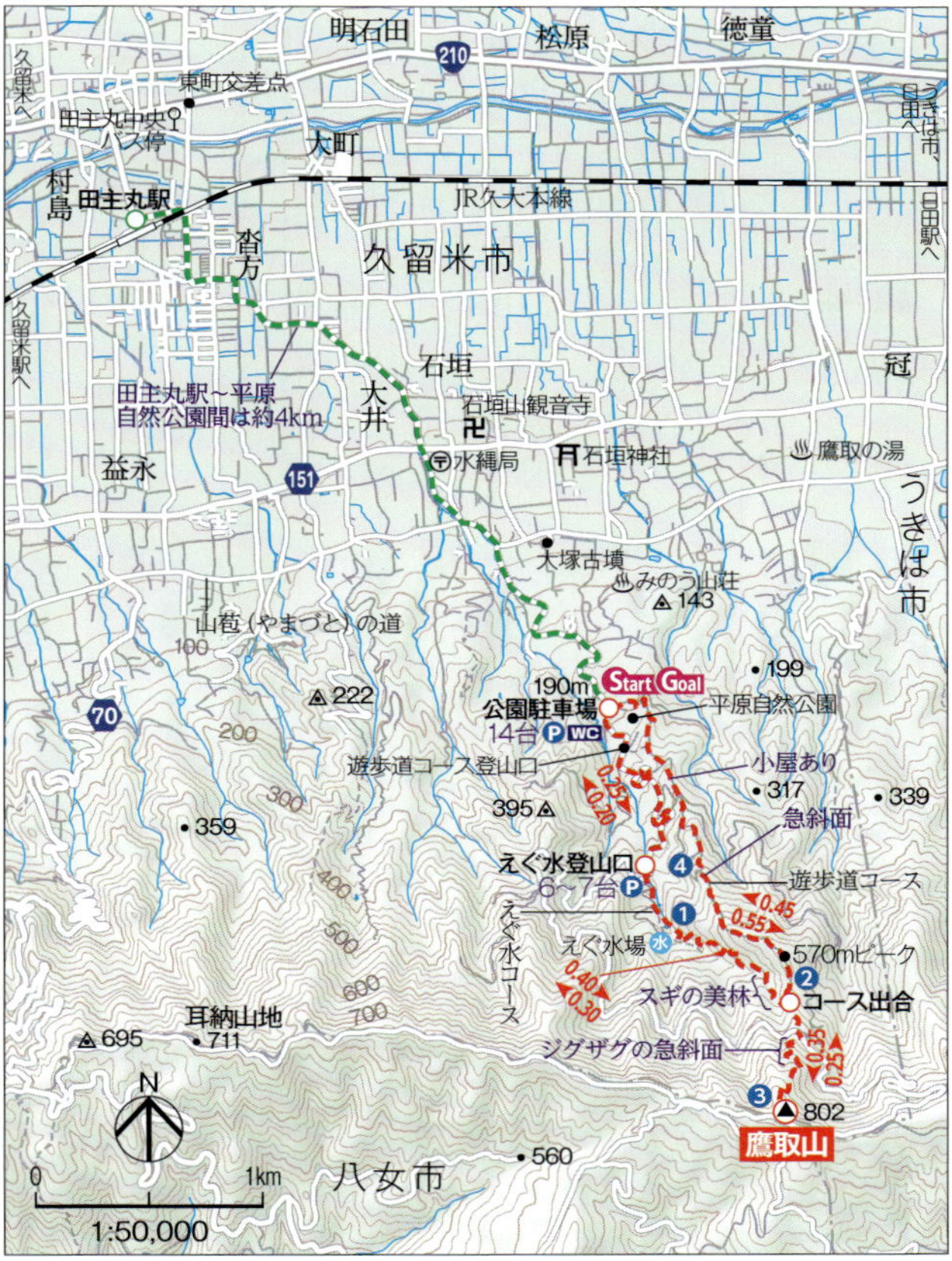

CHECK POINT

1 おもしろい名称の「えぐ」水場。本当はおいしい水だ

2 左からの遊歩道コースとの出合

3 車でも登れる鷹取山山頂は気軽に展望を楽しめる

4 遊歩道コースの雨水で荒れた凹状の登山道

55

歴史あふれる信仰の山から登山者が集う交流の頂へ

高良山・明星山

こうらさん 312m
みょうじょうさん 362m

日帰り

歩行時間＝4時間20分
歩行距離＝11・0km

技術度 体力度

コース定数＝19
標高差＝335m
累積標高差 776m 727m

麓から見る初夏の明星山

つつじ公園から見る筑紫平野と嘉穂アルプス

高良山は耳納《みのう》連山の西端にあり、古くから祈りの山として知られている。中腹には国の重要文化財に指定されている高良大社がある。中世には山城が築かれ、山頂付近には土塁や堀切の跡も残っている。また、近くには国指定の史跡・神籠石《こうごいし》や国の天然記念物・孟《もう》宗金明竹林《そうきんめいちくりん》もある。明星山は市街地に近く、常連の登山者も多い。登山道は長年にわたって有志による整備が続けられ、道標も設置されている。

久留米大学前バス停から車道を進み、広い石段の参道を登って高良大社へ。境内にある**展望所**からは、筑紫平野や九州最大の筑後川が見える。本殿の前を右へ進み、徒歩道に入って奥の院へ。さらに進むと、山頂へ通じるルートが左へ分岐する。**分岐**から急坂をしばらく登ると**高良山**山頂に着く。自然林の山頂は一部が開かれていて、これから向かう明星山が見える。

山頂から先ほどの**分岐**まで引き返し、後谷《うしろだに》コースへ進む。自然林の大木が茂る中を下って、舗装された林道に出る。林道を左へ400㍍ほど進み、右へ分岐する徒歩道に入る。自然林の中を通る徒歩道から林道に出合って下り、**県道800号**を横断する。すぐ先で高良川にかかる幸の橋を渡る。突き当たりの三差路を右折し、最初の民家の横を左へ曲がる。しばらく進むと、炭焼窯跡がある。谷に沿って登り、尾根に出る。急坂に敷設された丸太の階段を登ってさらに進むと、**明星山**の山頂に着く。

山頂は木陰やベンチがあり、休憩できる環境が整っていて、登山

■**鉄道・バス**
往路＝JR鹿児島本線久留米駅から西鉄バスに乗り、久留米大学前バス停で下車。
復路＝青峰校前バス停からJR久留米駅行きバスに乗車する。

■**マイカー**
▽高良大社近くに登山者用の駐車場はない。高良山の山頂に近い久留米森林つつじ公園にある80台ほどの駐車場を利用する。
▽九州自動車道の久留米ICから国道322号バイパス、県道750号で高良大社へ。耳納幹線林道（耳納スカイライン）を通って久留米森林ツ

CHECK POINT

1 高良大社の二の鳥居。車道から左へこの鳥居をくぐって参道を登る

2 高良山山頂は樹林の中であるが、一部が開けてこれから向かう明星山が見える

3 手前の県道800号を横断し、すぐ先にある幸の橋を渡って奥へ進む

4 明星山山頂にはベンチがあり、登山者の交流の場になっている

者が集う交流の場にもなっている。

明星山の山頂にある、青峰《せいほう》団地を示す道標に沿って北東へ150㍍ほど進み、右へ分岐するルートに入る。

人工林をすぎるとすばらしい自然林になり、なおも下ると舗装された林道に出る。その林道を右へ下り、青峰団地の中を進むと**青峰校前バス停**に着く。

（文と写真＝林田勝子＋林田正道）

ツジ公園へ。あるいは、九州自動車道の久留米ICから国道322号バイパス、県道800号などで高良山後谷入口（登山口）へ。駐車は20台。

■登山適期

1〜12月。高良山山頂北側のすぐ下にあるつつじ公園は、5月の開花時期にはすばらしい花園になる。高良山へ登る途中には広いアジサイ園があり、6〜7月ごろに見ごろを迎える。秋には紅葉まつりも開かれる。

■アドバイス

▽高良山から明星山は遊歩道や林道が複雑に交差しているので、地図とコンパスは必携であり、分岐点では道標や目印などを確認して進む。

▽高良山の一帯は2015年に九州オルレ久留米・高良山コースが設定され、登山者も多くなっている。

▽久留米市は野菜や果物などの一大産地であり、直売所は国道210号沿いの道の駅くるめ（☎0942・47・4111）にある。なお、その周辺には花木や植木の直売場も多数ある。

■問合せ先

久留米市役所観光・国際課☎0942・30・9137、JR九州案内センター☎0570・04・1717、西鉄久留米バスセンター☎0942・37・3372

■2万5000分ノ1地形図

久留米

56

金の採掘跡と国境石を見て山岳展望の頂へ

カラ迫岳

からさこだけ
1006m

日帰り

歩行時間＝2時間40分
歩行距離＝3・1km

技術度 1/5
体力度 1/5

コース定数	＝10
標高差	＝341m
累積標高差	↗359m ↘359m

大分県日田市側から見るカラ迫岳

カラ迫岳は福岡県と大分県の境にあり、登山道沿いには、かつて金が採掘された坑口の跡が残る。幕藩体制の時代、久留米《くるめ》藩と天領日田《ひた》は国境地帯に産出する金をめぐって争いが絶えなかったそうである。そのため、山頂付近には国境石が埋設されており、ルート沿いで今も見ることができる。公共交通機関のバスは便数が少なく、バスの終点から登山口までは距離もあるので、マイカーの利用が一般的である。

自然林が続く迫岳西ルート

森林基幹道星野線沿いにある**登山口**から、自然林が美しい渓流に沿って登る。2つ目の徒渉点の先で、下山時に左から合流する**分岐A**を見てさらに登る。渓流から徐々に離れ、周辺に目を配りながら登っていくと、金採掘の抗口らしい跡がいくつも見え、標識のある抗口跡も2つある。

やがて尾根に出ると、周辺は若い人工林で視界が開け、これから向かうカラ迫岳の頂がわずかに見える。山伏の宿の標識のすぐ先は**分岐B**のT字路で、そこにはカラ迫岳方向を示す道標がある。なお、ここを右へ進めば、10分ほどで林道を経て大分県側の県道に出る。

道標に沿って左へ進むと、国境石が点々と現れる。しばらく登ると、帰りに下る**分岐C**に着く。ここもT字路で、右へ進む。山頂のすぐ手前には熊渡山《くまどやま》への分岐点があり、右へひと登りすると**カラ迫岳山頂**に着く。

山頂は狭いものの見晴らしがよく、近くには御前岳《ごぜんだけ》から釈迦岳《しゃかだけ》へ続く稜線が大きく横たわり、遠くには雲仙《うんぜん》の平成新山《へいせいしんざん》やくじゅう連山、それに由布岳《ゆふだけ》も見える。天気がよければ、上空をタカが舞うこともある。

山頂から、往路で確認した**分岐C**まで引き返し、西方向へのびる周回路を下る。この西ルートはカシやシイ、それにヤマザクラなど

■**鉄道・バス**
往路・復路＝JR鹿児島本線羽犬塚駅から、堀川バスの黒木または矢部行きバスに乗り、福島バス停で乗り替える。福島バス停から星野行き、または十篭車庫前行き、あるいは浦行きに乗り十篭車庫前で下車し、そこからタクシーを利用。タクシーの所要時間は20分ほど。

■**マイカー**
九州自動車道の八女ICで降りる。国道442号から、県道52号を八女市役所星野支所まで進む。県道57号に入り、熊渡橋の手前を左折して山口

のすばらしい自然林が続き、抗口の跡もある。やがて**分岐A**に出合い、ここからは往路を引き返して**登山口**へ戻る。（文＋写真＝林田勝子＋林田正道）

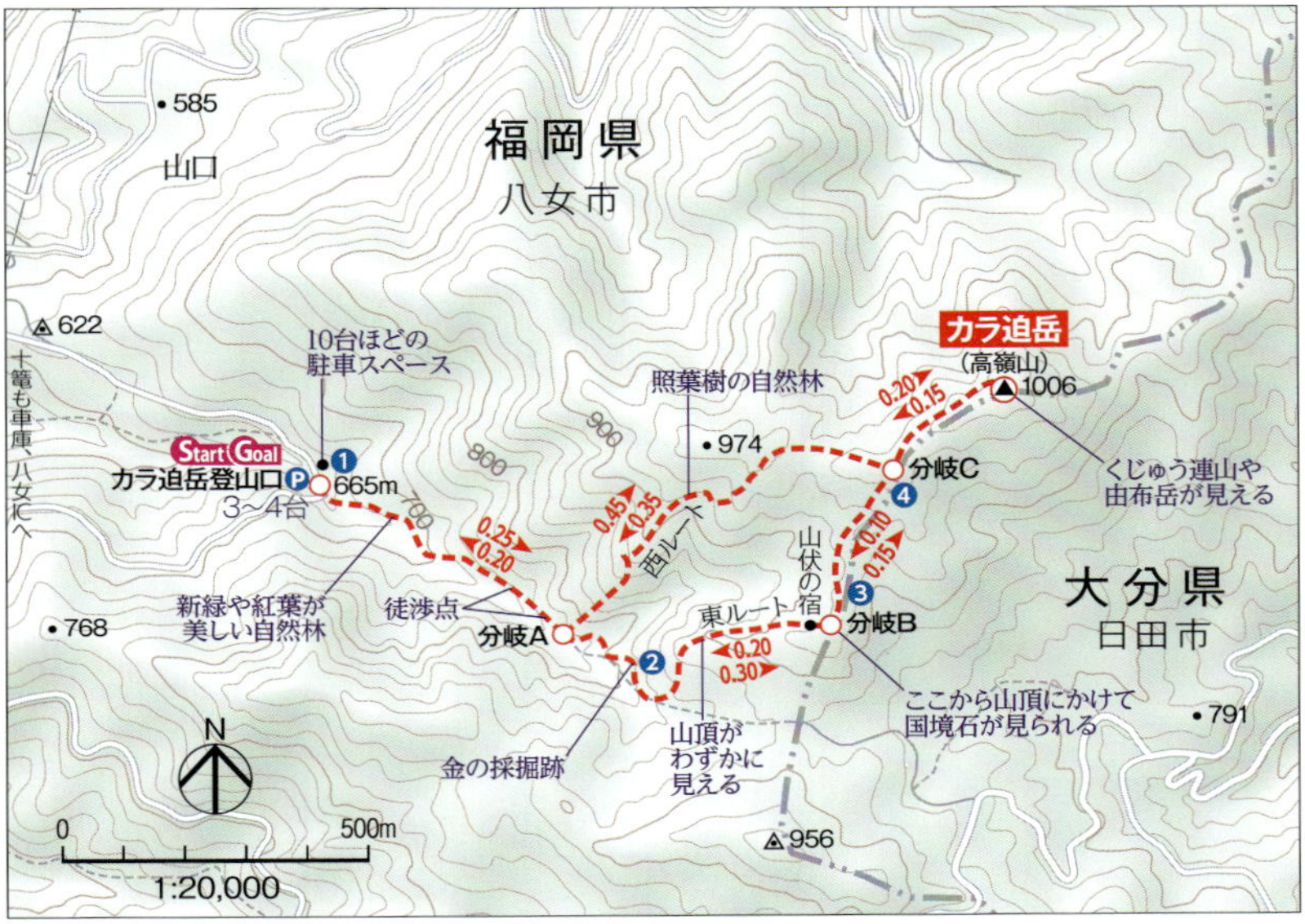

CHECK POINT

1 登山口から左斜め奥へ分岐する舗装道へ進む

2 金採掘の抗口跡。手前には進入防止の柵がある

3 分岐Bから山頂付近に点在する国境石

4 分岐C。山頂は右へ。復路は左へ西ルートを下る

登山道沿いの渓流

集落へ。集落内の十字路を右折して林道を進むと、カラ迫岳の登山口に着く。駐車スペースは、登山口に3～4台、登山口の手前100メートルほどの車道脇に10台ほど。

■登山適期

1～12月。新緑と紅葉の時期はとくにおすすめ。

■アドバイス

▽徒渉点が数箇所あるので、降雨や流水量に注意。また、金採掘の抗口跡付近は砂礫の斜面のところもあり、すべりやすいので注意すること。

▽宿泊と立ち寄り温泉は、星野温泉池の山荘（☎0943・52・2082）がある。通年営業の池の山キャンプ場（☎0943・52・2910）もある。近くには茶の文化館（☎0943・52・3003）があり、伝統的な高級緑茶を味わうことができ、緑茶の販売もされている。

▽星野村中心部、県道52号沿いにある直売所、びそん（☎0943・52・9030）では、一年を通して旬の新鮮な農産物が販売されている。

■問合せ先

八女市役所星野支所建設経済課☎0943・52・3114、堀川バス八女営業所☎0943・23・6128、星野タクシー☎0943・52・2072

■2万5000分ノ1地形図

十籠

57

シャクナゲや紅葉が美しい福岡県の最高峰をめぐる

御前岳・釈迦岳

ごぜんだけ　1209m
しゃかだけ　1230m

日帰り

歩行時間＝5時間50分
歩行距離＝9・3km

技術度

体力度

コース定数	＝23
標高差	＝610m
累積標高差	↗ 893m ↘ 893m

　御前岳は福岡県内第2位、釈迦岳は第1位の高峰である。これらの山域には自然林が残り、ブナやカエデ、それにミツバツツジなどが見られ、御前岳の周辺にはシャクナゲも多い。また、矢部越から下るルート沿いには、オオキツネノカミソリの群落もある。

　登山口のそばには、杣《そま》の里渓流公園がある。登山口の先から、小さな徒渉を繰り返しながら人工林の中を登る。林道に出て左へ100メートルほど進んだところにある**第2登山口**を見て、さらに林道を西方向へ進む。やがて、車止めがある**源流の森入口**からあずまやのある**展望所**を経て、ほどなく右へ登る徒歩道に入る。しばらく登るとシャクナゲやミツバツツジが現れ、4月下旬から5月上旬ごろはピンクの花が点々と続く。ピークを2つ越え、急坂を登ると**御前岳**の山頂に着く。山頂は見晴らしがよく、古処山《こしょさん》や英彦山《ひこさん》、それに由布岳《ゆふだけ》も見える。

　御前岳から、稜線を釈迦岳へ向かう。下りはじめるとすぐに、日《ひ》田《た》市田代《たしろ》からのルートが合流。稜線はすばらしい自然林で、ブナの大木やカエデ、ミツバツツジやシャクナゲも見られる。途中の展望岩は見

釈迦岳付近から見る秋の御前岳

下山路の車道沿いにある落差の大きい八ツ滝

■**鉄道・バス**

往路・復路＝JR鹿児島本線羽犬塚駅で下車。駅から堀川バスで宮ノ尾バス停まで行く。そこから日向神タクシー（予約制）で杣の里渓流公園そばの登山口へ。タクシーの所要時間は15分ほど。

■**マイカー**

九州自動車道の八女ICから国道442号を黒木方面へ進み、JAふくおか八女矢部支店のすぐ先の信号を左折して、杣の里渓流公園そばの登山口へ。

■**登山適期**

1～12月。新緑と紅葉の時期はとくにおすすめ。花の見ごろは、シャクナゲやミツバツツジは4月下旬から5月上旬ごろ、オオキツネノカミソリは7月下旬ごろ。

■**アドバイス**

▽登山口周辺の駐車については、事前に八女市役所矢部支所、または登山口そばの杣の里へ問い合わせる。

▽八女地方はお茶の栽培が盛んで、おいしいお茶が生産されている。地域の農産物は、国道442号沿いの八女市矢部村鬼塚にある観光物産交流施設「杣のさと」（☎0943・47・2500）で求めることができる。

■**問合せ先**

八女市役所矢部支所まちづくり推進係☎0943・47・3111、堀川バス八女営業所☎0943・23・6

晴らしがよく、進行方向には釈迦岳の鋭峰が、振り返れば先ほど通過した御前岳が三角錘に見える。

しばらく進むと、釈迦岳への急坂に取り付く。クサリやロープもある露岩の急坂を慎重に登ると、**釈迦岳**の山頂に着く。山頂には石仏が祀られていて展望に優れ、八方《やほう》ヶ岳《だけ》や遠くには雲仙《うんぜん》の平成新山《へいせいしんざん》も見える。

釈迦岳から南西方向へ下る。下りはじめてすぐに三差路に出合い、右へ下る。なお、三差路を左へ進めば、レーダーのある普賢岳まで10分弱である。自然林の中をしばらく下ると、車道が通る**矢部越**に出る。そこは釈迦岳の登山口で、ベンチや案内板がある。

矢部越から車道を右へ20㍍ほど進んだところから、右下へ分岐する徒歩道に入る。徒歩道に入ってすぐ、オオキツネノカミソリの群落の中を通る。すがすがしい緑の谷沿いを下り、車道を3回横切って下ると、やや幅の広い沢谷筋に出る。踏跡の薄いところがあり、注意をしながら下る。次に車道に出たところから、車道を左へ下る。途中の八つ滝は落差があって豪快である。滝からしばらく下り、吊橋が見えるとまもなく**登山口**に戻る。

（文＋写真＝林田正道＋林田勝子）

128、日向神タクシー☎0943・47・2027

■2万5000分ノ1地形図
十籠・豊後大野

CHECK POINT

1 登山道の案内板がある登山口。杣の里渓流公園駐車場の先から鋭角に左へ登る

2 シャクナゲ。源流の森から御前岳周辺にかけて多く見られる

3 御前岳山頂。杣の里、釈迦岳、それに源流の森からの3ルートが合流する

4 踏跡の薄い沢筋。テープやケルンなどのルートサインを確認しながら下る

58

三国山・国見山

3県境をたどりシャクナゲと展望を楽しむ

みくにやま　994m
くにみやま　1018m

日帰り

歩行時間＝2時間50分
歩行距離＝6・0km

技術度
体力度

コース定数＝**13**
標高差＝333m
累積標高差　532m　487m

鬼ノ洞から望む三国山

福岡県南部の筑肥《ちくひ》山地は熊本県にまたがり、一部は大分県におよぶ。その一角にある三国山は文字通り3県境が山頂で交わり、国見山は熊本県境に位置する。縦走路はほとんど樹林の中だが、各山頂付近や鬼ノ洞《おにどう》での大展望や、国見山付近ではシャクナゲも楽しめる。今回は山口《やまぐち》の三国山登山口から二峰を経て、金山《かなやま》の国見山登山口へ下りてみよう。

林道終点の**三国山登山口**にはコースの案内板があり、正面に伐採地が広がる。沢沿いに進み、丸木橋を渡って左岸へ。人工林の中を緩く登り、未舗装林道を横断する。ひと登りで自然林に変わり、縦走路の**山口越**に出る。東へ折れ、しばし急登すると眼前に八方《やほう》ヶ岳《たけ》が迫る。左に進めばほどなく**三国山**だ。広葉樹が囲む山頂には三角点や標識があり、南の熊本県側だけが望める。

山口越まで戻り、常緑樹に覆われた縦走路をたどると**鬼ノ洞《おにどう》分岐**に達する。往復10分の断崖絶壁上の**鬼ノ洞**に立てば、大展望が広がる。八女《やめ》、津江《つえ》、肥後《ひご》の山々と飽きることがない。

分岐に戻り西へ。岩の多い稜線にかかると、シャクナゲが楽しめるポイントだ。いったん鞍部に下り、登り返せば**国見山登山口への分岐**に達する。緩い起伏の道を行き、ロープを使って巨岩をよじ登り、岩稜に立つと、北側に釈迦岳《しゃかだけ》などが見えてくる。この岩稜をたどればすぐ**国見山**だ。狭い山頂は雑木にさえぎられ、わずかに南の阿蘇山《あそさん》、八方ヶ岳が望めるだけだ。

分岐まで戻り左折する。はじめは緩く進み、やがて急下降すると鹿北《かほく》コースとの分岐に着く。右の人工林を下り、未舗装林道を左折。先の標識から再び登山道に入る。トラバース気味に進み、急下

鬼ノ洞から望む国見山

■鉄道・バス
往路＝ＪＲ鹿児島本線の羽犬塚駅前から堀川バスで終点の柴庵バス停で下車。先の三国山標識で右折して三国山登山口（山口）へ向かう。

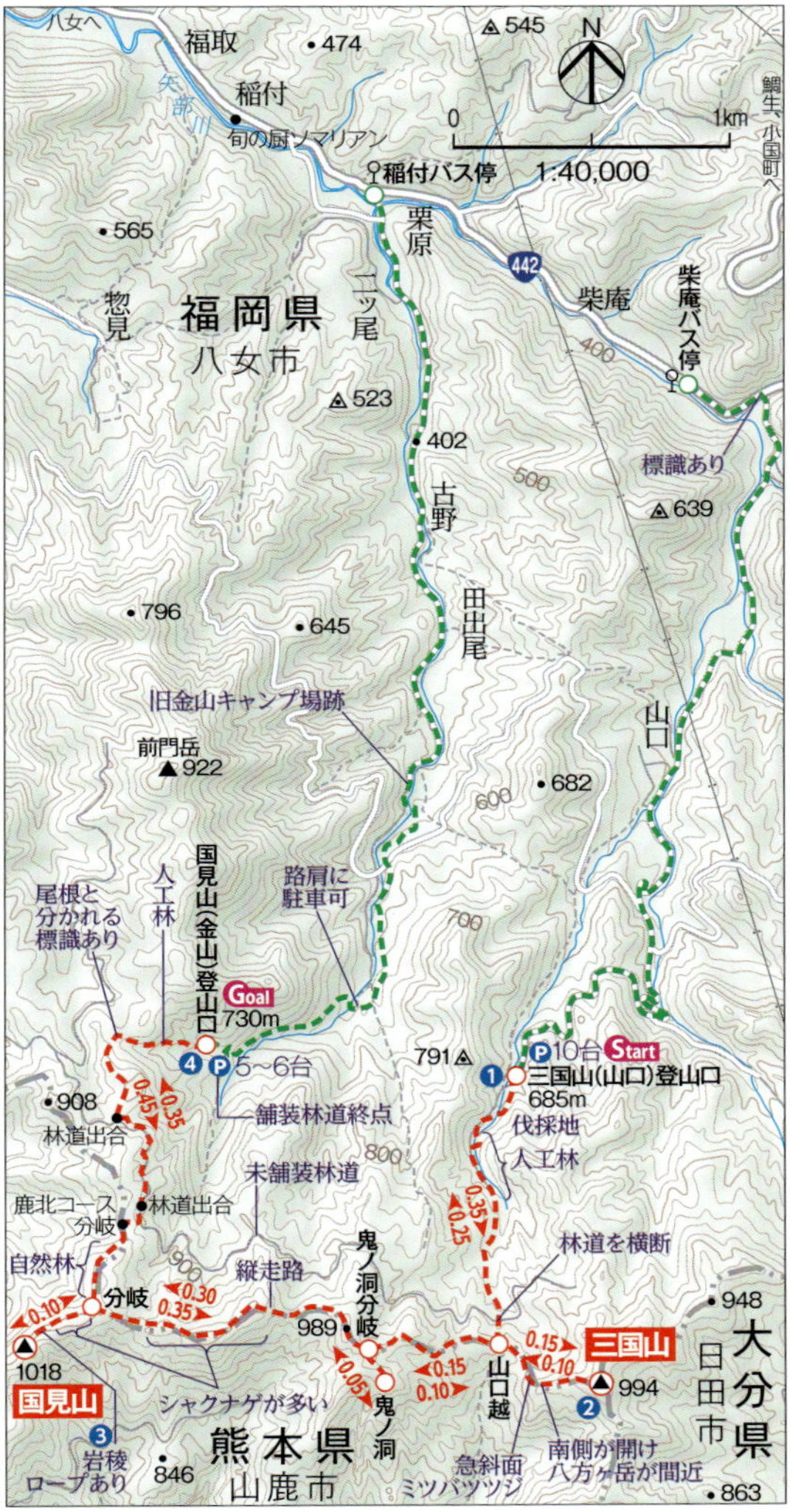

CHECK POINT

1 登山マップがあり、奥に伐採地が広がる三国山（山口）登山口

2 樹林に囲まれ、標識や三角点がある三国山山頂

3 ロープを使って国見山近くの岩稜を登る

4 人工林から未舗装林道に飛び出すと国見山（金山）登山口だ

降したところの標識で支尾根と分かれる。人工林を下れば**国見山登山口**に出て、すぐ下が林道終点だ。

（文＋写真＝日野和道）

復路＝同じ路線の稲付バス停から羽犬塚駅へ。

■マイカー
各登山口は駐車可能。ただし、国見山登山口（金山）付近の林道は狭くて荒れており、少し手前のやや広いところに路肩駐車する方が無難。

■登山適期
シャクナゲが楽しめる5月中旬がベスト。空気が澄む秋の展望もよい。

■アドバイス
▽各登山口はバス停から4㌔超と遠く、しかもバス便数が極めて少ないので、マイカー利用をおすすめする。
▽中腹の未舗装林道（4・7㌔、70分）を歩くこともできる。なお、コースはよく整備され迷うことはないが、登山者は少なく、できれば複数人の山行がおすすめ。
▽帰りに、杣ブランドを一堂に集めた「旬の厨ソマリアン」（☎0943・47・2213）に立ち寄れば軽食もとれる。また近くの日向神ダムは桜の名所でもあり、またシャクナゲ祭りも行われる。

■問合せ先
八女市矢部支所☎0943・47・3111、JR九州案内センター☎0570・04・1717、堀川バス八女本社☎0943・23・2115

■2万5000分ノ1地形図
宮ノ尾

59

三池山

みいけざん 388m

伝説の3つの池のある北峰と展望広がる南峰を結ぶミニ縦走

日帰り

歩行時間=2時間45分
歩行距離=6・0km

技術度
体力度

コース定数=11
標高差=342m
累積標高差 440m 445m

三池山山頂から雲仙岳を望む

福岡県南にある大牟田《おおむた》市には「三池」を冠する地名や施設名が多い。とくに三池炭鉱関連資産が世界文化遺産となったため、さらにその名を広めた。三池山（北峰）山頂に伝説の3つの池があり、それが山名の由来といわれている。山麓には三池藩主の菩提寺 紹運《じょううん》寺《じ》、山腹には臥龍梅で名高い普光寺《ふこうじ》、山頂には三池宮がある。

普光寺バス停から紹雲寺の山門を左に見て、セメントで固められた沢に沿って左岸が登山道、右岸が参道となる。上部で合流し、左に天台宗、九州西国15番霊場の**普光寺**がある。2月下旬から3月上旬には独特の枝ぶりをした紅梅、臥龍梅を楽しめる。登山道に戻り、上部の人家の横から三池宮への参道を進む。竹林の中の深くえぐられた急坂をひと登りで、鉄塔の上部に**八大龍王宮**がある。ベンチから展望が開けている。

再び急坂になる。カシやクスノキの深い森の中に鳥居が現れ、道は二俣となるが、北峰にある**三池宮**の前で合流する。山名由来の3つの池は社殿のすぐ北にある。背後の広場にはテーブル、ベンチが置かれ、東側の展望がいい。

南峰の三池山へは南へ縦走路をとり、植林地とヤブツバキが見られる照葉樹の森の中を進む。普光寺から山頂への**近道を合わせる**と森は終わり、**三池山**（南峰）山頂に出る。そのまま南に進みマイクロウェーブの施設の先まで来ると、草原の中にベンチが並んでいる。

■鉄道・バス
往路=JR大牟田・西鉄大牟田駅から普光寺行きバス20分で普光寺。復路=乙宮から18分で大牟田駅。

■マイカー
臥龍梅のシーズン以外は駐車場、駐車スペースはない。バスかタクシー利用のこと。

■登山適期
臥龍梅の観梅期の2月下旬から3月上旬がベスト。あとはいつでもいいが、春はかすんだり黄砂のため、山頂から雲仙岳などが見えないことが多い。

普光寺の臥龍梅の開花期には観梅客が多い

■アドバイス
▽普光寺上部で直接南峰直前への近道があり、谷沿いから山腹の斜面を登り縦走路に出て、右に200メートルで南峰。下山の際に本文コースの林道を下らず普光寺へ戻る近道。山頂から40分で普光寺。

■問合せ先
大牟田市役所☎0944・41・2222、大牟田市観光協会☎0944・52・2212、普光寺☎0944・51・2966、西鉄バス大牟田☎0944・53・8131

■2万5000分ノ地形図
大牟田・関町

↑三池山全容
←山頂から熊本県の名峰、小岱山が近い

CHECK POINT

1 臥龍梅で知られる九州西国十五番霊場の普光寺

2 鉄塔が現れ、八大龍王宮まで来ると眼下の展望が広がる

3 山頂直下の鳥居の先で道は二俣に分かれるが、三池宮で合流する

4 北峰直下にある「三池」の由来の池のひとつ

5 縦走路の森を抜けると三池山山頂

6 鞍部のあずまやから右折し、トイレのある林道終点に出る

小岱山《しょうだいさん》、有明海《ありあけ》の先に雲仙岳《うんぜん》、多良《たら》山地が望まれる。

下山はそのまま進む。鞍部に右の林道に下る道が2つあり、先の鞍部にあるあずまやから右に下ると、トイレのある**林道終点**に出る。林道を下り、照葉樹の森、密生した竹林をすぎると、ミカン園から山村の乙宮《おとぐう》集落を抜けて、三差路で**乙宮バス停**に出る。

（文＋写真＝五十嵐 賢）

●著者紹介

五十嵐　賢（いがらし・まさる）

「山を撮り 山に遊び 山と語らう」こと40年。この間、情熱だけは誰にも負けないをモットーに山歩きを続けている。30年続けてきた自然公園指導員の活動、オキナグサの保護、北限のサクラツツジの周知を地元の市役所へよびかけるなどにより、2015年9月に環境大臣表彰、2016年11月藍綬褒章を受章。地元民放ラジオで山歩きコーナーを20年間担当、地元のおすすめの山や季節の花を紹介している。今後残された時間を隠れた名低山、秘密の花園探しに情熱を傾けたい。筑紫野市在住。

日野和道（ひの・かずみち）

もともと趣味として、アユ・ヤマメの渓流釣りやバイクツーリングなどのアウトドアを楽しんでいた。30歳代半ばに友人にさそわれての初登山(宮崎県・大崩山)で、山の魅力に取りつかれる。以来、九州の山々を中心に、カメラを携えての気楽な山行を重ねている。筑紫野市在住。

内田益充（うちだ・ますみつ）

高校山岳部の先生の影響で山岳写真に興味をもつ。卒業後数年して、山岳部の先生が所属する福岡山岳写真グループに入会する。同会の代表である山岳写真家の故・足利武三氏との出会いがあり、以後、山岳写真撮影が主体となる。山域によって山岳写真撮影と登頂目的の登山を区別している。福岡市在住。

林田勝子（はやしだ・かつこ）

高校生のころから自然に親しむ。山に咲く花に興味をもち、四季折々に咲く花をカメラに収めては、HP「やませみ&かわせみの山歩き」で紹介中。近年は現役時代の経験を活かし、農山村地域の振興にボランティアとして参画している。福岡県久留米市在住。

林田正道（はやしだ・まさみち）

登山歴は30年を超え、妻とともに山歩きを楽しみ、近年は野鳥の観察も行っている。長年にわたり、九州の脊梁・熊本県五家荘で登山による地域興しを支援してきた。近年は、山の環境保全に関心を寄せ、ボランティア活動に参加している。福岡県久留米市在住。

分県登山ガイド39

福岡県の山

2016年7月5日 初版第1刷発行
2023年4月5日 初版第3刷発行

著　者 —— 五十嵐　賢・日野和道・内田益充・林田正道
発行人 —— 川崎深雪
発行所 —— 株式会社 山と溪谷社
〒101-0051
東京都千代田区神田神保町1丁目105番地
https://www.yamakei.co.jp/

■乱丁・落丁、及び内容に関するお問合せ先
山と溪谷社自動応答サービス　TEL03-6744-1900
受付時間／11:00～16:00（土日、祝日を除く）
メールもご利用ください。
【乱丁・落丁】service@yamakei.co.jp
【内容】info@yamakei.co.jp
■書店・取次様からのご注文先
山と溪谷社受注センター
TEL048-458-3455　FAX048-421-0513
■書店・取次様からのご注文以外のお問合せ先
eigyo@yamakei.co.jp

印刷所 —— 大日本印刷株式会社
製本所 —— 株式会社明光社

ISBN978-4-635-02069-5

●編集
WALK CORPORATION
皆方久美子
●ブック・カバーデザイン
I.D.G.
● DTP
WALK DTP Systems
水谷イタル　三好啓子
● MAP
株式会社 千秋社

●乱丁・落丁などの不良品は送料小社負担でお取り替えいたします。
●定価はカバーに表示してあります。

■本書に掲載した地図は、国土地理院長の承認を得て、同院発行の数値地図(国土基本情報)電子国土基本図(地図情報)、数値地図(国土基本情報)電子国土基本図(地名情報)、数値地図(国土基本情報)基盤地図情報(数値標高モデル)及び数値地図(国土基本情報20万)を使用したものです。(承認番号　平28情使、第120号)
■各紹介コースの「コース定数」および「体力度のランク」については、鹿屋体育大学教授・山本正嘉さんの指導とアドバイスに基づいて算出したものです。
■本書に掲載した歩行距離、累積標高差の計算には、DAN杉本さん作製の「カシミール3D」を利用させていただきました。